U0795672

高职高专“十四五”规划教材

飞行原理

主　编　刘清杰　丁昌昆
副主编　陈雲鹏　陈　超　罗　娜

北京航空航天大学出版社

内 容 简 介

本书主要介绍飞机的飞行环境、气流流动的基本规律、低速飞行原理、高速飞行原理、飞机的飞行性能、飞机的稳定性与操纵性、直升机的飞行原理等内容。全书从大气的物理性质，到飞机升力的产生、减阻措施、激波阻力等，全面分析了低速飞行问题和高速飞行问题，力图使读者能够全面地理解飞机飞行的原理。

本书为高等职业技术院校飞机机电设备维修等相关专业的教材，也可供从事飞机及其他航空器设计或研究的人员参考。

图书在版编目(CIP)数据

飞行原理 / 刘清杰，丁昌昆主编. -- 北京 : 北京航空航天大学出版社，2021.10

ISBN 978-7-5124-3622-0

Ⅰ. ①飞… Ⅱ. ①刘… ②丁… Ⅲ. ①飞行原理—高等职业教育—教材 Ⅳ. ①V212

中国版本图书馆 CIP 数据核字(2021)第 211168 号

飞行原理

主　编　刘清杰　丁昌昆

副主编　陈雲鹏　陈　超　罗　娜

策划编辑　冯　颖　　责任编辑　刘晓明

*

北京航空航天大学出版社出版发行

北京市海淀区学院路 37 号(邮编 100191)　http://www.buaapress.com.cn

发行部电话:(010)82317024　传真:(010)82328026

读者信箱: goodtextbook@126.com　邮购电话:(010)82316936

涿州市新华印刷有限公司印装　各地书店经销

*

开本:710×1 000　1/16　印张:7.75　字数:165 千字

2022 年 1 月第 1 版　2025 年 8 月第 3 次印刷　印数:3 001～4 000 册

ISBN 978-7-5124-3622-0　定价:29.80 元

若本书有倒页、脱页、缺页等印装质量问题，请与本社发行部联系调换。联系电话:(010)82317024

前　　言

本书是针对飞机机电设备维修等专业编写的教材。

本书主要介绍飞机飞行的大气环境、大气的物理性质、流体流场的概念、连续性定理、伯努利定理、高速气流流动特点、低速气流流动特点、飞机升力的产生、影响飞机升力的因素、飞机阻力的产生及减阻措施、激波、高速气流中作用在翼型上的空气动力、高速飞机机翼的外形特点、飞机的飞行性能、飞机的稳定性与操纵性、直升机的飞行原理等内容。这样安排的目的是想通过这些内容的学习，让学生对飞机在飞行过程中的各种空气动力原理有一个基本而全面的了解，为今后的学习或从事相关工作打下坚实的基础。

本书共分 7 章，蔡永戈编写了第 1 章，罗娜编写了第 2 章，陈雲鹏编写了第 3 章，陈超编写了第 4 章，刘清杰编写了第 5 章，其余部分由丁昌昆编写。

本书在编写过程中，得到了四川航天职业技术学院胡文彬教授的大力支持和悉心指导，编者在此表示衷心的感谢。

由于时间紧迫，这次编写只是力求框架体系、层次结构和内容上的合理性，不免会有疏漏和不妥之处，以后会不断完善。对于书中的缺点和不足之处，敬请读者不吝指正，以便改进提高，不胜感谢。

编　者

2021 年 6 月

目　　录

第 1 章　飞行环境

飞行环境对飞行器的飞行轨迹、结构、材料和飞行性能都有着非常重要的影响。只有了解和掌握了飞行环境变化的基本规律，并设法克服或减少飞行环境对飞行器的影响，才能保证飞行器飞行的准确性和可靠性。

飞行环境包括大气飞行环境和空间飞行环境。对飞机飞行的影响主要是地球表面大气层形成的大气飞行环境。要了解大气飞行环境，首先得了解地球表面大气的基本情况。

1.1　大气环境

飞行器在大气层内飞行时所处的环境条件，称为大气飞行环境。

包围地球的空气层（即大气）是航空器唯一的飞行活动环境。大气环境中的空气密度、温度、压强和天气等因素对飞机的飞行安全影响很大。大气层中空气的密度、温度、压强等参数是随着高度的变化而不断变化的。

大气在地球引力作用下聚集在地球周围，大气层总质量的 99.99% 集中在离地球表面 50 km 高度以内，其中的 90% 集中在离地球表面 15 km 的高度以内。在 2 000 km 高度以上，大气极其稀薄，逐渐向行星际空间过渡，大气层没有明显的上界。大气是由 78% 的氮气、21% 的氧气以及 1% 的其他气体（如氩气和氦气）组成的。大气中元素的轻重不同，较重的气体如氧气有一个天然的趋势——会占据地球的表面，而较轻的气体会升到较高的区域。这就解释了为什么大多数氧气集中在 10 640 m（35 000 ft）高度以下。如果把空气在海平面上产生的平均气压看作一个标准大气压，那么大约在 5.5 km 高度的大气压强仅仅是海平面压强的 1/2。在离地球表面 10 km 的高度，压强约为海平面压强的 1/4，空气密度只相当于海平面大气密度的 1/3。

根据大气状态参数随高度变化的特点，可将大气层划分为对流层、平流层、中间层、电离层和散逸层。大气层分布如图 1 - 1 所示。

1. 对流层

大气中最低的一层为对流层，其气温随高度的增加而逐渐降低。对流层的上界随地球纬度、季节的不同而变化。就纬度而言，对流层上界在赤道地区平均为 17～18 km；在中纬度地区平均为 10～12 km；在南北极地区平均为 8～9 km。也就是说，由赤道向南北极，随着纬度的增加，对流层顶界逐渐降低。就季节而言，对流层的顶界夏季高于冬季。

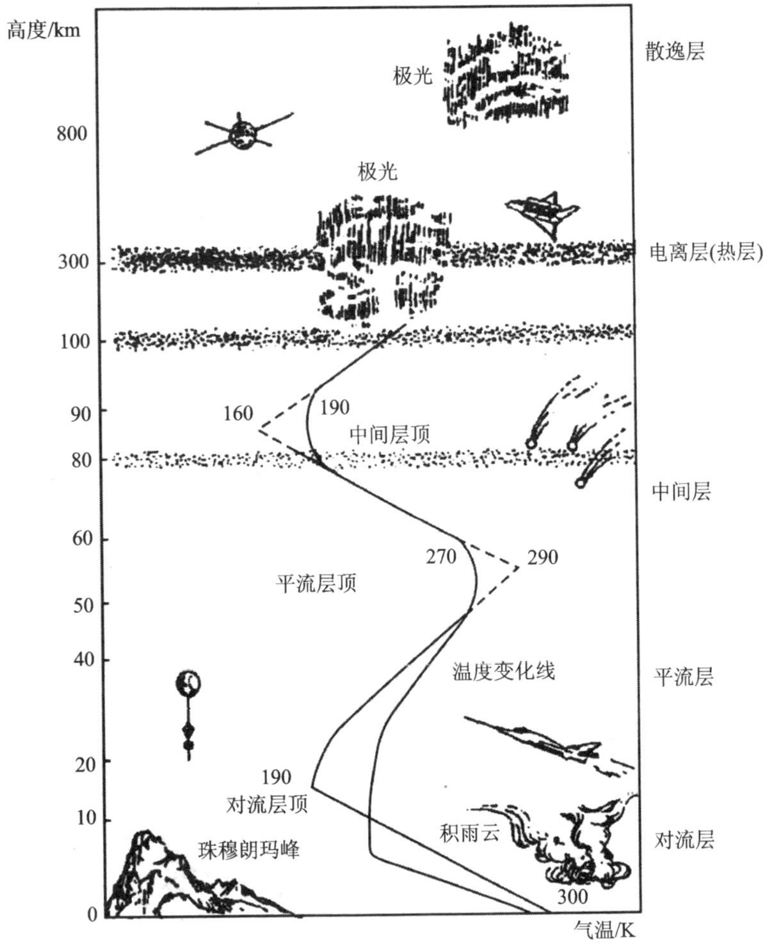

图 1-1　大气层分布

对流层的特点如下：

① 气温随高度的增加而降低。在对流层内，平均每升高 100 m，气温下降 0.65 ℃，所以该层也叫变温层。该层主要靠地面辐射太阳的热能而加热，所以离地面越近，空气就越热，气温随高度的增加而逐渐降低。爬过高山的人都知道山上比山下冷，就是这个道理。

② 有云、雨、雾、雪等天气现象。地球上的水受太阳照射而蒸发，使大气中聚集大量的各种形态的水蒸气，随着尘埃被带到空中，几乎全部水蒸气都集中在这一层大气内，因而在不同的气温及条件下，就会形成云、雨、雾、雪、雹等天气现象。

③ 空气上下对流激烈。由于地面有山川、湖泊、沙漠、森林、草原、海洋等不同的地形和地貌，因此，造成垂直方向和水平方向的风，即空气发生大量的对流。例如森林吸热少、散热慢，而沙漠吸热多、散热快，因而沙漠上面的空气被加热得快，温度较

高，向上浮升，四周的冷空气填入所离开的空间，造成上升气流和水平方向的风。

2. 平流层

平流层位于对流层之上，顶界延伸到 50～55 km 的高度，空气稀薄，所包含的空气质量约占整个大气质量的 1/4。在平流层内，空气没有上下对流，只有水平方向的风。这种水平风的形成，是由于高空中空气稀薄，摩擦力减小，当空气随着地球自转而运动时，上层空气落后于下层空气，就形成了与地球自转方向相反、方向一定的水平风。

平流层在 25 km 高度以下，因受地面温度的影响较小，气温基本保持不变，平均温度为−56.5 ℃，所以又叫同温层。高度超过 25 km 后，气温随高度的增加而上升，这是因为该层存在着臭氧，会吸收太阳辐射热的缘故。

飞机飞行的理想环境是对流层和平流层。

3. 中间层

中间层在平流层之上，离地球表面 50～85 km。在这一层内，气温先是随高度的增加而升高（在 53 km 高度处气温达 282.66 K），以后又下降（在 80 km 高度处降到 196.66 K）。由于上部温度较低，下部温度较高，空气有相当强烈的铅垂方向的运动，因此，这一层又叫高空对流层。该层内空气非常稀薄，质量仅占整个大气质量的 1/3。

4. 电离层

电离层从中间层顶延伸到 800 km 的高度。这一层的特点是，空气极为稀薄，只占整个大气质量的 0.5%。大气中的氮、氧分子由于受到宇宙高能粒子的冲击和照射，电离成为离子和自由电子，带有很强的导电性，能吸收、发射和折射无线电波。正因为有了电离层，某些频率的无线电波才可以沿地球的曲面传送，这对远距离无线电通信起着很大作用。

该层的另一特点是，温度随高度的增加而升高，这是由于电离层中宇宙尘埃能吸收太阳的热量，并且空气在电离时也释放出很多热量，所以电离层又称为热层。

5. 散逸层

散逸层又称为外层，是地球大气的最外层，它的边缘和极其稀薄的星际气体没有明显的分界，一般认为在 2 000～3 000 km 的高度。由于该层远离地面，受地球引力作用小，因而大气分子不断向星际空间逃逸。

1.2　大气的物理性质

大气的物理性质包括大气的密度、压强（常常称为压力）、温度、声速、黏性和压缩性等方面。下面将简单介绍大气的物理性质。

1. 大气的状态参数和状态方程

大气的状态参数包括压强 P、温度 T 和密度 ρ 这三个参数。对一定数量的气体，这三个参数就可以决定气体的状态。它们之间的关系可以用气体状态方程表

示，即

$$P = \rho RT$$

式中，R 为大气气体常数，其值为 287.05 J/(kg·K)。T 为大气的热力学温度（单位为 K），它和摄氏度 t（单位为℃）之间的关系为 $T = t + 273$ ℃。

如果把气体看作完全气体，由气体状态方程可得：

① 当压力不变时，密度与温度成反比。

② 当温度不变时，密度与压力成正比。

③ 当密度不变时，压力与温度成正比。

大气的状态参数随飞行高度的变化而变化，不仅对作用在飞机上的空气动力的大小有影响，还对发动机的推力大小有影响。

2. 连续性

大气是由分子构成的，在标准状态（即在气体温度为 15 ℃、1 个大气压（101 kPa）的海平面上）下，每立方毫米的空间里含有 2.7×10^{16} 个分子。当飞行器在这种空气介质中运动时，由于飞行器的外形尺寸远远大于气体分子的自由行程，故在研究飞行器和大气之间的相对运动时，气体分子之间的距离完全可以忽略不计，即把气体看成是连续的介质。这就是在空气动力学中常说的连续性假说。

随着海拔高度的增加，大气的密度越来越小，故气体分子的自由行程越来越大。在地球表面，气体分子的自由行程很小，大约为 6×10^{-8} m。当飞行器在 40 km 以下的高度上飞行时，可以认为是在稠密大气层内飞行，这时气体可看成是连续的。在 120～150 km 高度上，气体分子的自由行程大约与飞行器的外形尺寸在同一数量级范围之内。在 200 km 高度上，气体分子的自由行程有好几千米，在此情况下，大气就不能看成是连续介质了。

3. 粘　性

大气的黏性是空气在流动过程中表现出的一种物理性质，大气的黏性力是相邻大气层之间相互运动时产生的牵扯作用力，也叫作大气的内摩擦力。大气分子的不规则运动，是造成大气黏性的主要原因。

当大气在外力作用下流动或有流动趋势时，气体分子间的内聚力要阻止大气分子的相对运动；同时，相邻大气层之间分子的不规则运动导致的分子迁移也会使分子间产生动能交换，因此在大气运动时会产生一种内摩擦力，这种现象称为流体的黏性。由于大气分子之间的距离相对较大，因此大气的黏性主要是气体做不规则运动的结果。为了说明这个问题，设想把流动的气体分为若干层，如图 1-2 所示。从图中可以看出，当大气层与层之间的流动速度不同时，流得快的一层（如下层）的大气分子由于不规则运动而侵入上层，会促使上层大气分子加速流动；同样，上层流得慢的大气分子也会侵入下层，促使下层大气分子流速减慢。这样，相邻的两层大气间就产生了相互牵扯的内摩擦力，即黏性力。

大气流过物体时产生的摩擦阻力是与大气的黏性有关系的，因此飞机飞行时所

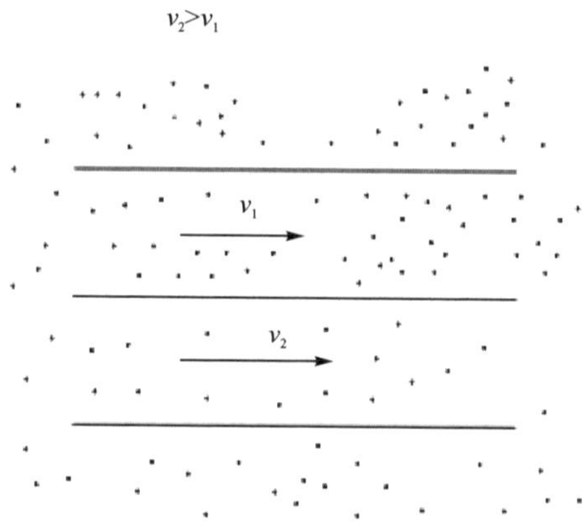

图 1-2　不同流速的情况

产生的摩擦阻力与大气的黏性也有很大的关系。

不同流体的黏性是不同的，流体的黏性可以用内摩擦系数来衡量。在常温下，水的内摩擦系数为 1.002×10^{-3} Pa·s，而空气的内摩擦系数为 1.81×10^{-5} Pa·s，其值仅为水的 1.81%。由于空气的黏性很小，因此不易察觉；但如果把一个物体放在水里，拿出来以后物体上就会有很多水珠，可见水的黏性比较大。一般情况下，空气对物体的黏性作用力可以忽略不计，但是对于像飞机这样在空气中快速运动的物体，由于空气的黏性作用在飞机外表面上的摩擦力已不是一个小数值了，因此必须加以考虑。

流体的黏性和温度有一定关系，随流体温度的升高，气体的黏性增大，而液体的黏性则减小。对气体而言，相邻流动层间产生内摩擦力的物理原因是气体分子在层与层之间有横向动能交换，温度升高，分子间这样的横向动能交换也加剧了，因此，层与层之间相互牵扯的内力也增大了，使得黏性增大。而液体产生黏性的物理原因主要是相邻流动层分子间存在内聚力，随温度的升高，液体分子热运动加剧，分子间间距变大，其内聚力随之减小，所以黏性也会减小。根据这个原理，在用管道运输石油时，可以对石油进行加温以减小流动损失，降低能耗。

对于像空气这样内摩擦系数很小的流体，当物体在空气中的运动速度不是很高时，黏性的作用也不是很明显，因此，可以看作理想流体，采用理想流体模型来做理论分析。通常把不考虑黏性的流体（即流体内摩擦系数趋于零的流体）称为理想流体或无粘流体。

4. 可压缩性

气体的可压缩性是指当气体的压强改变时其密度和体积改变的性质。不同状态的物质可压缩性也不同。在相同的压力变化量的作用下，密度的变化量越大的物质，可压缩性就越大。液体的密度变化量极小，因此一般认为液体是不可压缩的。空气由于分子之间距离较大、分子之间吸引力较小，它的可压缩性表现得十分明显，所以一般来讲气体是可压缩的物质。

当大气流过飞行器表面时，压强会发生变化，密度也会随之发生变化。但是，当气流的速度很低时，压强的变化量较小，其密度的变化也很小。研究大气低速流动的有关问题时，可不考虑大气的可压缩性的影响。当大气流动的速度较高时，就必须考虑大气的可压缩性。由于可压缩性的影响，使得大气以超声速和低速流过飞行器表面时有很大的差别，在某些方面甚至还会发生质的变化。

对于气体而言，其可压缩性可以表示为

- $Ma \geqslant 0.4$，气体可压缩；
- $Ma \leqslant 0.4$，气体不可压缩。

5. 大气密度

大气密度是指单位体积内的空气质量。质量为 m 的空气，如果其体积为 V，则密度 ρ 为

$$\rho = \frac{m}{V}$$

其国际单位为千克每立方米（kg/m^3）。空气和其他物质一样，是由分子组成的，空气的密度大，说明单位体积的空气分子多，比较稠密；反之，空气密度小，空气比较稀薄。大气层的空气密度随高度的增加而减小，越高，空气越稀薄。在 10 km 的高度下，空气密度只相当于海平面空气密度的 1/3，如图 1－3 所示。空气密度随高度的这种变化，不仅对作用在飞机上的空气动力大小有影响，而且对飞机喷气发动机产生的推力大小有很大影响。随着空气密度的减小，发动机功率会相应减小并发生其他方面的变化。

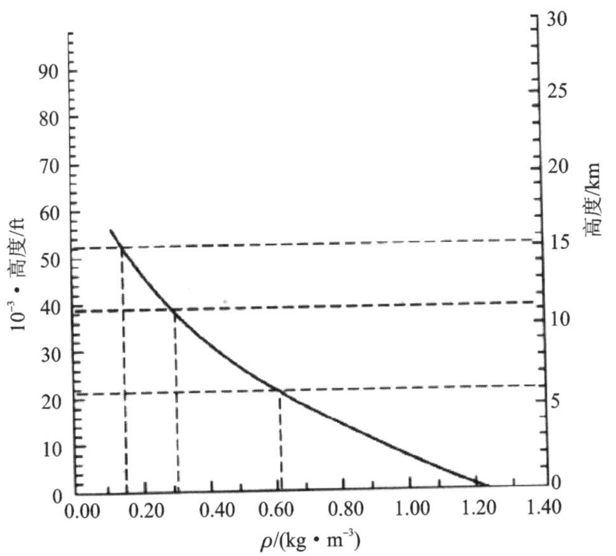

图 1－3　大气密度随高度的变化

6. 大气温度

大气温度是指大气层内空气的冷热程度。空气温度的高低，实质上表明了空气分子做不规则热运动的平均速度的大小。当空气获得热量时，分子运动的平均速度增大，平均动能增大，气温也就升高；反之，当空气失去热量时，分子运动的平均速度减小，则平均动能减小，气温也就降低。气温主要有 3 种标定方法：摄氏温度、华氏温度和热力学温度。大多数国家使用摄氏温度，单位是摄氏度(℃)，标准气压时纯水的冰点温度为 0 ℃，沸水的温度为 100 ℃，其间分为 100 等份，每一份为 1 ℃。

少数国家(如美国)和地区使用华氏温度，单位是℉，即一个大气压下，水的冰点为 32 ℉，沸点为 212 ℉，其间分成 180 等份，每一份为 10 ℉。两种单位的换算公式如下：

$$t_{C}/℃ = (t_{F}/℉ - 32) \times \frac{5}{9}$$

式中，t_{C} 为摄氏温度(℃)；t_{F} 为华氏温度(℉)。

理论计算中常用热力学温度来表示。假设气体分子停止不规则热运动时的温度为 0 ℃，将标准大气压下的纯水冰点和沸点之间等分为 100 份，单位是开尔文(K)，则热力学温度和摄氏温度之间的换算公式为

$$T_{K}/K = t_{C}/℃ + 273.15$$

式中，T_{K} 为热力学温度(K)。

在大约 11 km 高度以下的大气层内，随着高度的增加，大气温度下降，近似按线性规律变化。

7. 压　强

大气的压强是指物体的单位面积上所承受的大气的法向作用力的大小。在静止的大气中，不论哪一处的大气都没有铅垂方向的运动。这表明任何一处的大气所受到的铅垂方向的力都是平衡的(由于它是流体物质，朝各个方向施加的力是相等的，它作用于空气中物体的效果就是压力)，即静止大气中每一处的大气压力都是平衡的。从数量上来说，大气压强也就是物体的单位面积上所承受的大气柱的重力。压强的单位是 N/m^2 或 Pa。

产生大气压的主要原因是，上层空气的重力对下层空气造成了压力和空气分子不规则的热运动。因为大气压力随高度和温度变化，所以规定在海平面温度为 15 ℃时的大气压力为一个标准大气压。大气压既是飞机产生升力的主要原因，也是驱动飞机里的某些重要飞行仪表工作的原因。这些仪表是高度仪、空速指示仪、爬升率指示仪和进气压力表等。

气体压强和高度的关系如图 1－4 所示。一般而言，空气中的气压越大，对应的空气密度也就越大。空气密度对飞机的性能有重大的影响。如果空气密度变小，则

① 飞机会降低动力，因为引擎吸收更少的空气；

② 降低推力,因为螺旋桨在稀薄的空气中更低效;

③ 降低升力,因为稀薄的空气对机翼施加的力更小。

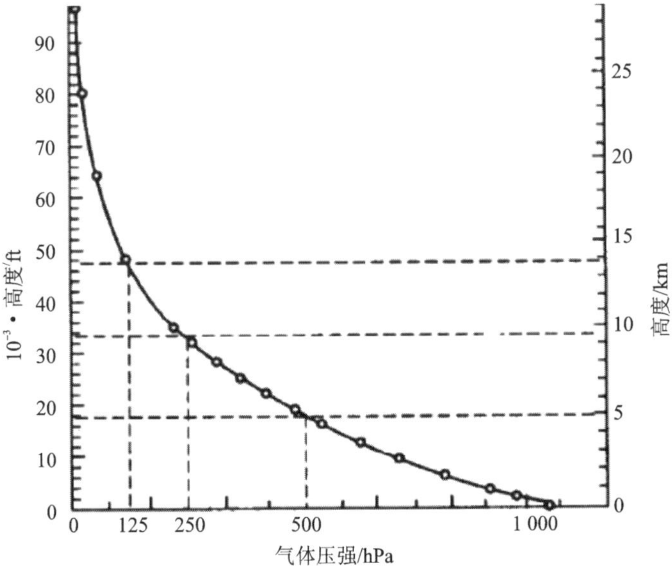

图 1-4 气体压强和高度关系图

8. 湿 度

湿度指大气的潮湿程度,通常用相对湿度来表示。相对湿度是指大气中所含水蒸气的量与同温度下大气能含有的水蒸气最大量之比。水蒸气的密度约等于干空气的 5/8,含有水蒸气的空气比干空气密度小、重量轻。因此,飞机在潮湿天气起飞时,需要的跑道长度要比在干燥天气起飞时的长。

临界湿度:是指在大气中使金属的腐蚀速度急剧增大对应的大气的相对湿度。不同金属有不同的临界相对湿度。

影响临界湿度的因素:机体构件的材料性质;污染物的性质和数量;金属表面的粗糙度、裂纹状态等。

9. 声 速

声速是指声波在物体中传播的速度。声波是一个振动的声源在介质中传播时产生的疏密波。

飞机或物体在空气中运动时,在围绕它的空气中也会产生一直振动着的疏密波,这种疏密波在物理本质上和声波是一样的。

声速的大小和传播介质有关。在水中的声速大约为 1 440 m/s;而在海平面标准状态下,在空气中的声速仅为 341 m/s。这是因为水的压强和密度比空气大得多,因此更难以压缩,声波在水中的传播速度就更快。由此可知,介质的可压缩性越大(如空气),声速越小;介质的可压缩性越小(如水),声速越大。显然,在不可压缩介质中，声速将趋于无限大。

声速不但和介质有关，而且在同一介质中，也随温度的变化而变化。海平面的空气温度较高，压强和密度较大，空气较难压缩，所以声速较大；在对流层中，气温随高度而降低，声速也随着降低，如在 11 km，声速降低到 296 m/s，这表明在高空中，空气更容易压缩。

小扰动在介质中的传播速度 a 可以按照其介质是否相同加以计算。

- 不同介质下：$a^2=\dfrac{\Delta P}{\Delta\rho}$；
- 相同介质下：$a=20.1\sqrt{T}$。

10. 马赫数

声速越大，空气越难压缩；飞行速度越大，空气被压缩得越厉害。因此，在衡量空气被压缩的程度时，可以用物体的运动速度和声速的比值来表示，这个比值称为马赫数(Mach Number)，用 Ma 表示。

$$Ma=\frac{v}{a}$$

式中，v 表示在一定高度上飞行器的飞行速度，a 则表示该处的声速。

显然，飞行器的飞行速度越大，Ma 就越大，飞行器前面的空气就压缩得越厉害。因此，Ma 的大小可作为判断空气受到压缩程度的指标。

根据 Ma 的大小，可以把飞行器的飞行速度划分为如下区域，即

- $Ma\leqslant 0.4$，为低速飞行(空气不可压缩)；
- $0.4<Ma\leqslant 0.85$，为亚声速飞行；
- $0.85<Ma\leqslant 1.3$，为跨声速飞行(出现激波)；
- $1.3<Ma\leqslant 5.0$，为超声速飞行；
- $Ma>5.0$，为高超声速飞行。

1.3　国际标准大气

飞行器的飞行性能与大气的物理状态(密度、温度和压强等)有密切关系，而大气物理性质是随着所在地理位置、季节和高度而变化的，这样就使得航空器上产生的空气动力也发生变化，从而使飞行性能发生变化。为了在进行航空器设计、试验和分析时所用大气物理参数不因地而异，必须建立一个统一的标准。国际航空界协议人为地规定了大气温度、密度、压强等随高度变化的关系，这就是国际标准大气。

国际标准大气的规定：

① 大气被看成完全气体，即服从状态方程。

② 以海平面的高度为零。在海平面上，大气的标准状态为：气温 $t=15$ ℃；压强 $p=1$ atm(1 atm=101 kPa)；密度 $\rho=1.2250\ \mathrm{kg/m^3}$；声速 $c=341$ m/s。

③ 高度在 11 km 以下，随着高度的增加，温度呈直线下降。高度每增加 1 km，温度下降约 6.5 ℃(6.5 K)。高度在 11～20 km 的范围内，温度保持不变，为－56.5 ℃(216.65 K)。高度在 20～32 km 的范围内，温度随高度的增加呈直线上升，每升高 1 km，温度上升约 1 ℃(1 K)。

国际标准大气的数值如表 1－1 所列。

表 1－1　国际标准大气简表

高度 H/m	温度 T/K	压强 P/Pa	密度 ρ/(kg · m^{-3})	声速 a/(m · s^{-1})	10^{-5} · 动力粘度 μ/(Pa · s)
0	288.150	101 325	1.225 0	340.29	1.789 4
1 000	281.651	89 876	1111 7	336.43	1.757 9
2 000	275.154	79 501	1006 6	332.53	1.726 0
3 000	268.659	79 121	0.909 25	328.58	1.693 8
4 000	262.166	61 660	0.819 35	324.59	1.661 2
5 000	255.676	54 048	0.736 43	320.55	1.628 2
6 000	249.187	47 217	0.660 11	316.45	1.594 9
7 000	242.700	41 105	0.590 02	312.31	1.561 2
8 000	236.215	35 651	0.525 79	308.11	1.527 1
9 000	229.733	30 800	0.467 06	303.83	1.492 6
10 000	223.252	26 499	0.413 51	299.53	1.457 7
11 000	216.774	22 699	0.364 80	295.15	1.422 3
12 000	216.650	19 399	0.311 94	295.07	1.421 6
13 000	216.650	16 579	0.266 60	295.07	1.421 6
14 000	216.650	14 170	0.227 86	295.07	1.421 6
15 000	216.650	12 111	0.194 76	295.07	1.421 6
16 000	216.650	10 352	0.166 47	295.07	1.421 6
17 000	216.650	8 849.7	0.142 30	295.07	1.421 6
18 000	216.650	7 565.2	0.121 65	295.07	1.421 6
19 000	216.650	6 467.4	0.104 00	295.07	1.421 6
20 000	216.650	5 529.3	0.088 910	295.07	1.421 6
21 000	217.581	4 728.9	0.075 715	295.07	1.421 7
22 000	218.574	4 047.5	0.064 510	296.38	1.432 2
23 000	219.567	3 466.8	0.055 006	297.05	1.437 6
24 000	220.560	2 971.7	0.046 938	297.72	1.443 0
25 000	221.552	2 549.2	0.040 084	298.39	1.448 4
26 000	222.544	2 188.3	0.034 257	299.06	1.453 8

续表 1-1

高度 H/m	温度 T/K	压强 P/Pa	密度 $\rho/(\mathrm{kg\cdot m^{-3}})$	声速 $a/(\mathrm{m\cdot s^{-1}})$	10^{-5} · 动力粘度 $\mu/(\mathrm{Pa\cdot s})$
27 000	223.536	1 879.9	0.029 298	299.72	1.459 2
28 000	224.527	1 616.1	0.025 076	300.39	1.464 6
29 000	225.518	1 390.4	0.021 478	301.05	1.469 9
30 000	226.509	1 197.0	0.018 410	301.71	1.475 3
31 000	227.500	1 031.2	0.015 792	302.37	1.480 6
32 000	228.490	889.1	0.013 555	303.02	1.485 9

思考题

1. 大气分哪些层？各层有什么特点？
2. 飞机的飞行大气是什么？有什么特点？
3. 连续性假设的含义是什么？
4. 什么是大气的黏性？
5. 大气的状态参数有哪些？
6. 大气的压缩性和速度之间的关系是什么？
7. 大气密度、温度、压强和高度变化之间的关系是什么？
8. 大气湿度对飞机起飞有什么影响？
9. 什么是国际标准大气？
10. 什么是马赫数？

第 2 章　气流流动的基本规律

流体在流动过程中，其物理参数（如速度、压强、温度和密度等）会发生变化。流体在变化过程中必须遵循基本的物理规律，如质量守恒定律、能量守恒定律、牛顿第二定律和牛顿第三定律等。对于气体来说，气流流过物体时，其物理量的变化规律与作用在物体上的空气动力有密切的关系。本章将介绍流体流动的基本规律，以解释空气动力的产生机理，进而说明飞机上产生空气动力的原因。

所谓低速气流，是指流动速度小于 0.4 倍声速（声速用 a 表示）的气流。所谓气流特性，就是指流动中的空气其压强、密度、温度以及流管粗细同气流速度之间相互变化的关系。

2.1　流场的概念

1. 流　体

气体和液体统称为流体。

气体和液体的共同特性是不能保持一定形状，具有流动性。

气体和液体的不同点表现在液体具有一定的体积，不可压缩；而气体则可以压缩。

需要指出的是，当所研究的问题并不涉及压缩性时，所建立的流体力学规律既适合于液体，也适合于气体。当计及压缩性时，气体和液体就必须分别处理。气体虽然是可压缩的，但在许多工程中，当气体的压力和温度变化不大（如低压等）、气流速度远小于声速（如速度 $v<0.4a$）时，可以忽略气体的压缩性，这时即把气体看作是不可压缩的流体。这样近似能使问题简化且不会引起太大的误差。

2. 流　场

我们把流体所占据的空间称为流场。

用以表征流体特性的物理量如速度、温度、压强、密度等，称为流体的运动参数。所以流场又是分布上述运动参数的场。

3. 定常流动与非定常流动

根据运动参数随时间的变化，可以将流动分为定常流动与非定常流动。

如果流场中流体的运动参数不仅随位置不同而不同，而且随时间变化而变化，则这样的流动称为非定常流动。

如果流场中流体的运动参数只随位置改变而与时间无关，则这样的流动称为定常流动。

限于课程性质和课时，这里只研究定常流动。

4. 流　线

流线是流场中某一瞬时的一条空间曲线，在该线上各点的流体质点所具有的速度方向与曲线在该点的切线方向重合，如图 2－1 所示。

流线具有以下特征：

① 非定常流动时，由于流场中速度随时间改变，经过同一点的流线的空间方位和形状是随时间改变的。

② 定常流动时，由于流场中各点流速不随时间而改变，所以同一点的流线始终保持不变，且流线与迹线（流场中流体质点在一段时间内运动的轨迹线）重合。

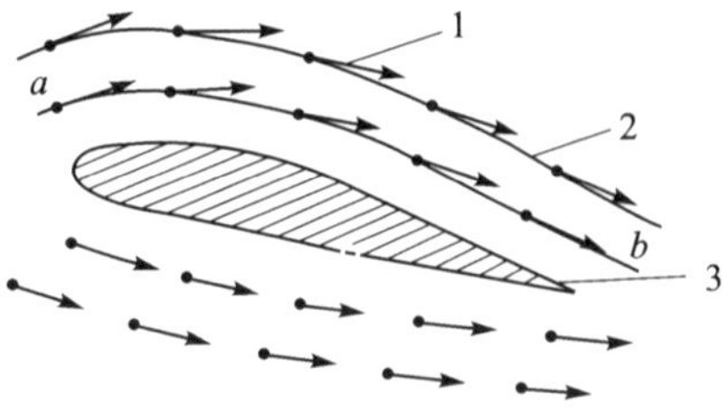

图 2－1　流　线

③ 流线不能相交也不能折转。因为空间每一点只能有一个速度方向，所以不能有两条流线同时通过同一点。

但有 3 种情况例外：在速度为零的点上，如图 2－2 中的 A 点，通常称 A 点为驻点；流线相切，如图 2－2 中的 B 点，上下两股速度不等的流体在 B 点相切；在速度为无限大的点上，如图 2－3 中的 O 点，通常称它为奇点。

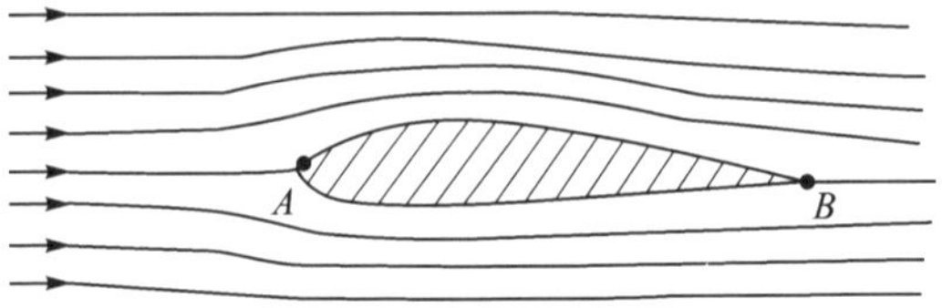

图 2－2　流线谱(1)

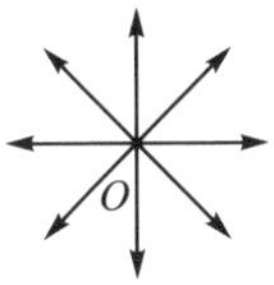

图 2－3　流线谱(2)

④ 流场中的每一点都有流线通过，由这些流线构成流场的总体称为流线谱，简称流谱，如图 2－2 所示。也可以理解为，流体流过物体时，由许多流线所组成的图形，叫作流线谱。流线谱真实地反映了空气流动的全貌，通过它可以看出空间各点空气流动的方向，也可以比较出空间各点空气流动速度的快慢。图 2－4、图 2－5、图 2－6 反映了不同形状物体的流线谱。

5. 流管和流束

在流场中任意画一封闭曲线，在该曲线上每点作流线，由这许多流线所围成的管状曲面称为流管，如图 2－7 所示。

由于流管表面是由流线所围成的，而流线不能相交，因此流体不能穿出或穿入流管表面。这样，流管就好像刚体管壁一样把流体运动局限在流管之内或流管之外。在定常流动时流管好像真实管子一样。

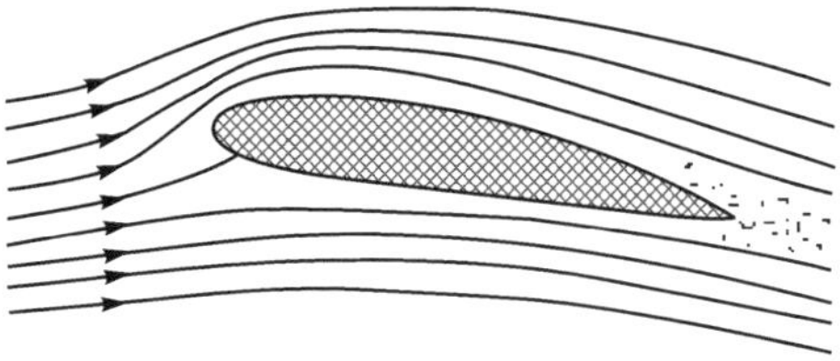

图 2-4　翼剖面的流线谱

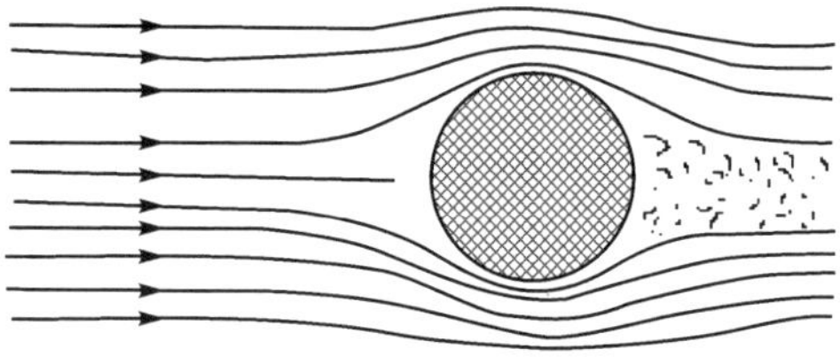

图 2-5　圆柱体的流线谱

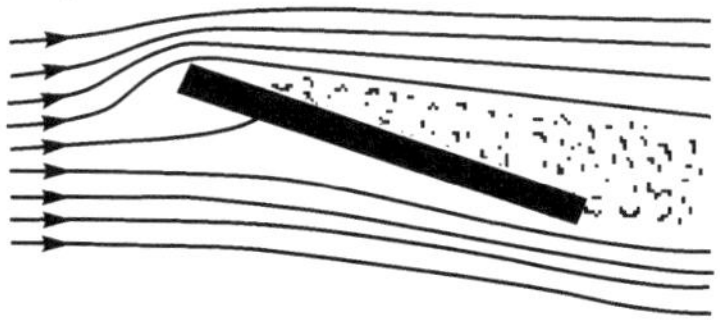

图 2-6　斜立平板的流线谱

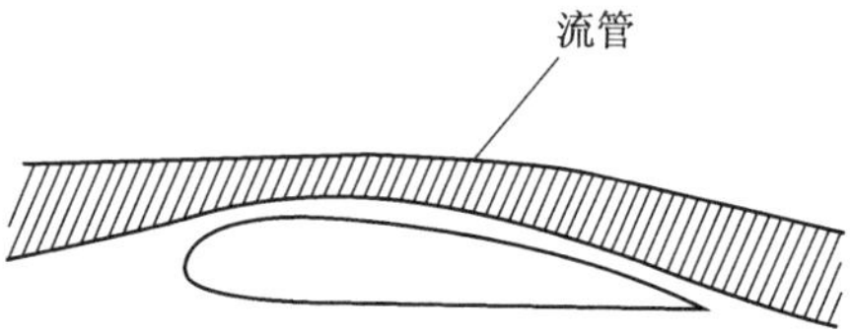

图 2-7　流　管

在流管中，流线间隔缩小，表明流管收缩；反之，表明流管扩张。流线越来越稠密，流线之间的距离缩小，就是流管变细；相反，流线越来越稀疏，流线之间的距离扩大，就是流管变粗。如果流动是稳定的，由于同一流线上的空气微团都以同样的轨道流动，那么，流管的形状就不随时间而变化。这样，在稳定流动（定常流动）中，整个气流可以认为是由许多单独的流管组成的。

充满在流管内的流体，称为流束。

2.2　相对运动原理

重于空气的飞机，是靠飞机与空气做相对运动时所产生的空气动力，克服自身的重力而升空的。没有飞行速度，在飞机上就不会产生空气动力。空气动力的产生是空气和飞机之间有了相对运动的结果。因此要了解飞机的飞行原理，首先应该了解飞机与空气之间的相对运动规律。

如图 2-8 所示，作用在飞机上的空气动力不会因观察者的角度发生变化而变化，无论是飞机在静止的空气中飞行还是气流流过静止的飞机，只要两者相对速度相等，飞机上所受的空气动力就完全相等。这个原理就叫作“相对运动原理”。也就是，

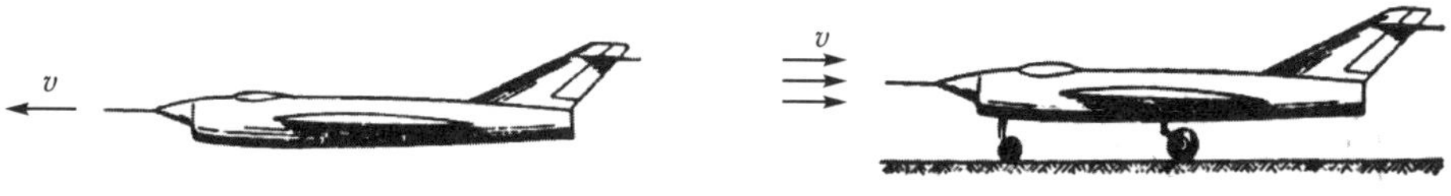

(a) 空气静止，飞机运动　　(b) 飞机静止，空气运动

图 2-8　相对运动转换

当飞机以一定速度做水平直线飞行时，作用在飞机上的空气动力与远处前方空气以该速度流向静止不动的飞机时所产生的空气动力效果完全一致。这种气动效果的一致性就是相对运动原理。

这一原理，无论对实验研究还是对理论研究都会带来很大的方便，所以它被广泛地应用于航空、航天、航海以及交通运输等部门，例如“风洞实验”就是建立在这个原理基础之上的。

2.3　连续性定理

当流体连续不断而稳定地流过一个粗细不等的流管时，在管道粗的地方流速比较慢，在管道细的地方流速比较快，如图 2－9 所示。这是由于管中任一部分的流体既不能中断也不能堆积，因此在同一时间，流进任一截面的流体质量和从任一截面流出的流体质量应该相等。这就是质量守恒定律。

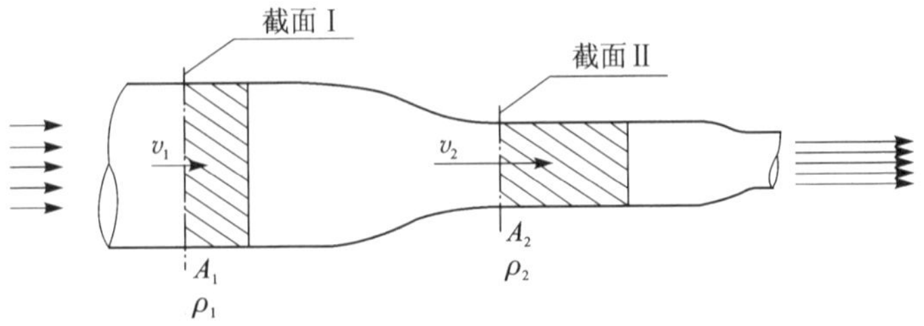

图 2－9　气体在变截面管道内的流动情况

在单位时间内，流过任一截面的流体体积等于流体流过该截面的速度乘以该截面的面积，而体积与流体密度相乘，即为单位时间内流过该截面的流体质量，即质量流量 q_m。

$$q_m = \rho v A$$

式中　ρ——流体的密度，kg/m^3；

v——流体的流速，m/s；

A——所取截面的面积，m^2。

单位时间内通过截面 I 和截面 II 的流体的质量流量应相等。

$$q_{m1} = q_{m2} = q_{m3} = \cdots = 常数$$

$$\rho_1 v_1 A_1 = \rho_2 v_2 A_2 = \rho_3 v_3 A_3 = \cdots = 常数$$

这就是质量方程或连续方程。它说明通过流管各横截面的质量流量必须相等。

当气体以低速流动时，可以认为气体是不可压缩的，即密度保持不变，即

$$\rho_1 = \rho_2 = \rho_3 = \cdots = 常数$$

则上式变为

$$v_1A_1 = v_2A_2 = v_3A_3 = \cdots = 常数$$

由上式可知,对于不可压缩流体来说,通过流管各横截面的体积流量必须相等。它表明,流管横截面变小,平均流速必须增大;反之,流管横截面变大,平均流速必须减小,否则将违背质量守恒定律。也就是说,流体流速的快慢与管道截面的大小成反比,这就是"连续性定理"。日常生活中,常常可以发现在河床浅而窄的地段,河水流得比较快;在河床深而宽的地段,河水流得比较慢。山谷里的风通常比开阔平原的风大,也是这个原理。

2.4 伯努利定理

伯努利定理是描述流体在流动过程中流体压强和流速之间关系的流动规律。

日常生活中可以观察到空气流速发生变化时,空气压力也相应地发生变化的例子。例如向两张纸片中间吹气,两纸片不是彼此分开,而是互相靠拢。这说明两纸片中间的空气压力小于纸片外的大气压力,于是两纸片在压力差的作用下靠拢。又如河中并排行驶的两条船,会互相靠拢。这是因为河水流经两船中间因水道变窄会加快流速而降低压力,但河水流过两船外边,流速和压力则变化不大,这样两船中间同外边形成水的压力差,使两船靠拢。

从上述现象可以看出流速与压力之间的关系,简单地说就是:流体在流管中流动,流速快的地方压力小,流速慢的地方压力大。这就是伯努利定理的基本内容,它是研究气流特性以及在飞行器上产生空气动力的物理原因及其变化的基本定理之一。

我们从能量的角度来讨论上述现象。根据能量守恒定律,能量既不会消失,也不会无中生有,而只能从一种形式转化为另一种形式。在低速流动的空气中,参与转换的能量有两种:压力能和动能。一定质量的空气,具有一定的压力,能推动物体做功。压力越大,压力能也越大。此外,流动的空气还具有动能,流速越大,动能也越大。

实验结果表明,在稳定的气流中,对于一定质量的空气而言,如果没有能量消耗,也没有能量加入,则其动能和压力能的总和是不变的。这就是流速加快,动能增大,压力能减小,则压力降低;流速减慢,则压力能增大的原因。它们之间的关系可用静压、动压和总压的关系说明。

静压是空气作用于物体表面的静压力,例如大气压力就是静压。动压则蕴藏于流动的空气之中,没有作用于物体表面,只有当气流流经物体,流速发生变化时,动压才能转换为静压,从而施加于物体表面。当我们逆风前进时,感到迎面有压力,就是这个原因。空气的动压大小与其密度成正比,与气流速度的平方成正比,这也就是说,动压等于单位体积空气的动能。

总压是空气流过任何一点时所具有的静压和动压之和。根据能量守恒定律,飞机飞行时，相对气流中的空气总压，就等于当时飞行高度上的大气压加上相对气流中飞机前方的空气所具有的动压。因此，能量守恒定律可以表示为

$$静压 + 动压 = 总压 = 常数$$

伯努利定理是能量守恒定律在流体流动中的应用。伯努利定理是描述流体在流动过程中流体压强和流速之间关系的流动规律。流体的压强和速度之间的关系可以用如图 2－10 所示的实验来说明。

在图 2－10 所示的粗细不均匀的管道中，在不同截面处安装三根一样粗细的玻璃管，它们实际上起到了“压力表”的作用。首先把容器和管道的进口和出口开关都关闭，此时管道中的流体没有流动，不同截面（$A-A$、$B-B$、$C-C$）处的流体流速均为零，三根玻璃管中的液面高度和容器中的液面高度一样。这表明在不同截面处流体的压强都是相等的。现在把进口和出口阀门都打开，使管道中的流体稳定流动，并保持容器中的流体液面高度不变。此时三根玻璃管中的液面高度都降低了，且不同截面处的液面高度各不相同，这说明流体在流动过程中，不同截面处的流体压强也不相同。从实验可以看出，在 $A-A$ 截面，管道的截面较大，流体流动速度较小，玻璃管中的液面较高，压强较大；在 $C-C$ 截面，管道的截面较小，流体流动速度较大，玻璃管中的液面较低，压强较小。这也就证明了上面所讲的，在管道中稳定流动的不可压缩理想流体，在管道各处的流体动压和静压之和应始终保持不变，即

$$静压 + 动压 = 总压 = 常数$$

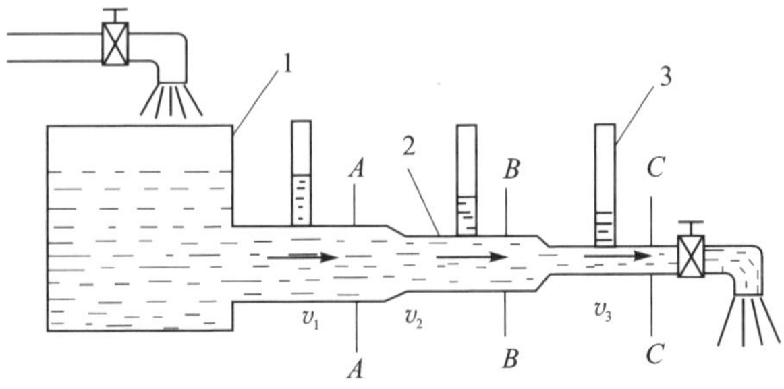

图 2－10　流体在容器和流管中的流动情况

如果用 P 代表静压，$\frac{1}{2}\rho v^2$ 代表动压，则能量守恒定律可以表示为

$$P + \frac{1}{2}\rho v^2 = 常数$$

式中，ρ 为流体密度，v 为流体速度。

于是，在管道的不同截面 $A-A$、$B-B$、$C-C$ 处有

$$P_1 + \frac{1}{2}\rho v_1^2 = P_2 + \frac{1}{2}\rho v_2^2 = P_3 + \frac{1}{2}\rho v_3^2 = 常数$$

上式就是不可压缩流体的伯努利方程，它表示流速与静压之间的关系，即流体流

速增大，流体静压将减小；反之，流体流速减小，流体静压将增大。

应当注意，对于空气流体，只有在满足以下条件时伯努利方程才成立：

① 气流是连续的、稳定的；

② 流动中的空气与外界没有能量交换；

③ 气流中没有摩擦或摩擦很小，可以忽略不计；

④ 空气的密度没有变化或变化很小，可认为不变。

综合连续性定理和伯努利定理，可总结出如下结论：流管变细的地方，流速大，压力小；反之，流管变粗的地方，流速小，压力大。根据这一结论，就可初步说明机翼上产生升力的原因了。

2.5 低速气流的流动特点

在低速飞行中，低速气流在流动过程中，机翼周围的空气由于压力变化所引起的空气密度变化量很小，其影响可以忽略不计，因此可以近似认为它是不可压缩的，即密度 ρ 为常数。低速气流在变截面管道中的流动情况如图 2－11 所示。当管道收缩时，$A_1>A_2$，由不可压流体的连续性方程可知，气流速度将增大，$v_1<v_2$，又根据伯努利定理可知，气流的压力将减小，$P_1>P_2$；相反，当管道扩张时，$A_1<A_2$，由不可压流体的连续性方程可知，气流速度将减小，$v_1>v_2$，又根据伯努利定理可知，气流的压力将增大，$P_1<P_2$。

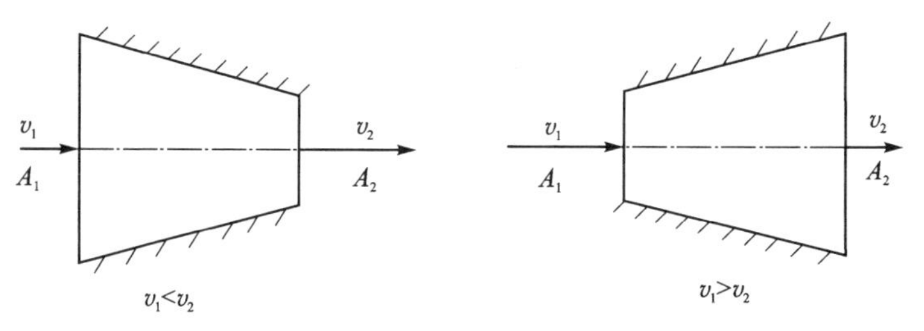

(a) 收缩管道　　(b) 扩张管道

图 2－11　低速气流在变截面管道中的流动

综上可知，低速气流流入收缩管道起到增速减压的作用，而低速气流流入扩张管道则起到减速增压的作用。

2.6 高速气流的流动特点

在高速飞行中，气流速度变化所引起的空气密度变化，会引起空气动力发生很大的变化，甚至会引起空气流动规律的改变。因此，它的影响就不能忽略了，就必须要考虑空气的可压缩性了。

空气的可压缩性与空气的密度和施加于空气的压力有关。空气的密度越大，则空气越难压缩；施加于空气的压力越大，则空气被压缩的程度也就越大。空气的密度与声速有某种对应关系，密度越大，声速也就越大；密度越小，声速也就越小。因此，空气密度可以用声速来衡量。而施加于空气的压力与空气中运动物体的速度有关。运动速度越大，则施加于空气的压力就越大；速度越小，则施加于空气的压力就越小。

随着气流速度的增加，当其接近于和大于声速时，气流受到强烈的压缩，压力、密度和温度都会发生显著的变化，气流流动特性会出现一些与低速气流不同的质的差别。这也就是高速气流流动特性与低速气流流动特性不同的根本所在。

超声速气流在变截面管道中的流动情况与低速气流相反。收缩管道将使超声速气流减速、增压；而扩张管道将使超声速气流增速、减压。这是因为流管的横截面积变化引起的密度变化比其引起的速度变化快得多，密度的变化占了主导地位。对于超声速气流，由于密度不再是常数，因此，应遵循可压缩流体的连续性方程。管道横截面积的减小或增大，要求密度和速度的乘积也相应地增大或减小，而此值的增大或减小又是通过密度的迅速增大和流速的缓慢减小或者密度的迅速减小和流速的缓慢增大来实现的。

超声速气流在变截面管道中的流动情况如图 2－12 所示。当管道收缩时，$A_1>A_2$，由于流管空间变小，气体压缩空气密度将增大，$\rho_1<\rho_2$，根据理想气体状态方程可得气流的静压将增大，$P_1<P_2$，又根据伯努利定理可知，气流速度将减小，$v_1>v_2$；相反，当管道扩张时，$A_1<A_2$，由于流管空间变大，气体膨胀，空气密度将减小，$\rho_1>\rho_2$，根据理想气体状态方程可得气流的静压将减小，$P_1>P_2$，又根据伯努利定理可知，气流速度将增大，$v_1<v_2$。

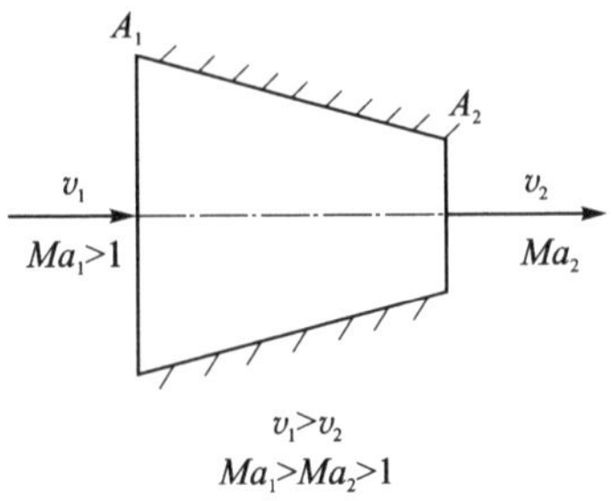

(a) 收缩管道

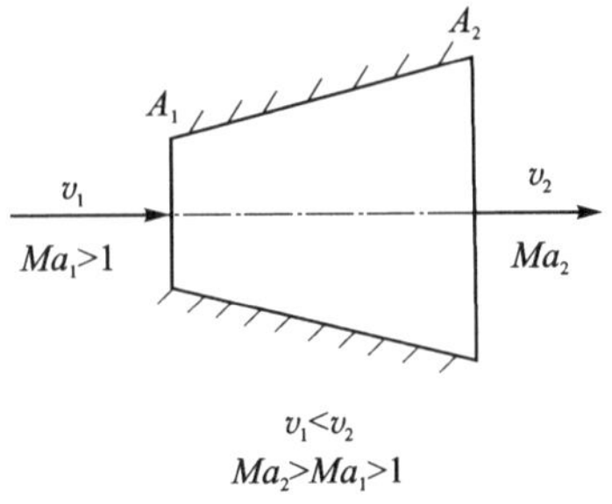

(b) 扩张管道

图 2－12　高速气流在变截面管道中的流动

综上可知，高速气流流入收缩管道起到减速增压的作用，而高速气流流入扩张管道则起到增速减压的作用。

2.7 拉瓦尔喷管

根据前面所讲的低速气流流动特性和高速气流流动特性可知，要使气流由亚声速加速成超声速，除了沿气流流动方向有一定的压力差外，管道还应具有一定的形状，这就是先收缩后扩张的管道。这种先收缩后扩张的流通管道称为拉瓦尔喷管，如图 2-13 所示。

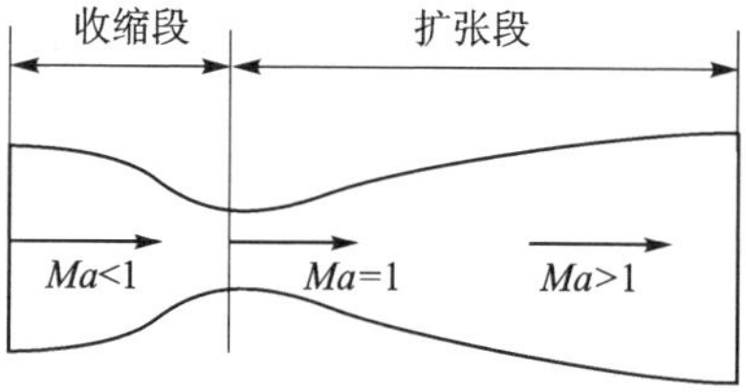

图 2-13 拉瓦尔喷管

从流速、空气密度、流管截面积之间的变化关系（见表 2-1）中，可以发现，随着 Ma 的增大，空气密度变化的百分数绝对值越来越大，说明空气压缩得越来越厉害。根据连续性方程，为了保持质量流量不变，流管的截面面积必须加大，也就是超声速气流是通过流管扩张来加速的。

管道先收缩使亚声速气流加速，当达到声速（$Ma=1$）时管道再扩张，使气流膨胀速度增大，压强下降，得到超声速气流。所以，拉瓦尔喷管在收缩段起到加速作用，在扩张段还是起到加速作用。气流在流经拉瓦尔喷管之后，气流经过二次加速，实现了超声速流动。

表 2-1 流速、空气密度、流管截面积之间的变化关系

气流 Ma	0.2	0.4	0.6	0.8	1	1.2	1.4	1.6
流速增加的百分数（$\Delta v/v$）/%	均为 1							
空气密度变化的百分数（$\Delta\rho/\rho$）/%	−0.04	−0.16	−0.36	−0.64	−1	−1.14	−1.96	−2.56
流管截面面积变化的百分数（$\Delta A/A$）/%	−0.96	−.84	−0.64	−0.36	0	0.44	0.96	1.65

思考题

1. 什么是流体、流线、流场？
2. 什么是定常流和非定常流？
3. 什么是飞行相对运动原理？
4. 什么是流体的连续性定理和伯努利方程？
5. 低速气流的流动特点是什么？
6. 超声速气流的流动特点是什么？
7. 什么是拉瓦尔喷管？拉瓦尔喷管中的气流流动特点有何不同？

第3章 低速飞行原理

飞机之所以能在空气中飞行，最基本的条件是，必须产生一种能克服飞机自身重力并将它托举在空中的力。现代大型民用客机的起飞质量都可以达到上百吨，它们又是如何克服自身重力而得以在空中飞行的呢？

作用在飞机上的空气动力包括升力和阻力两部分。升力主要靠机翼来产生，并用来克服飞机自身的重力。而阻力要靠发动机产生的推力来平衡，这样才能保证飞机在空中水平等速直线飞行。为了更好地理解飞机的飞行原理，在此将分析飞机升力的产生、阻力的产生等问题。

3.1 平板上的空气动力

很多人都有过在空旷的地面上放风筝的经历。当你拉着风筝迎风奔跑时，风筝就会在力的作用下缓缓上升，此时风就对风筝产生了一定的空气动力。这个空气动力既包含了一个克服风筝重力使风筝向上升起的"升力"L（其方向垂直于气流相对速度 v 方向），又包含了一个阻止风筝前进的"阻力"D（其方向与物体运动方向相反），如图 3-1 所示。升力和阻力的合力就是作用在风筝上的空气动力。

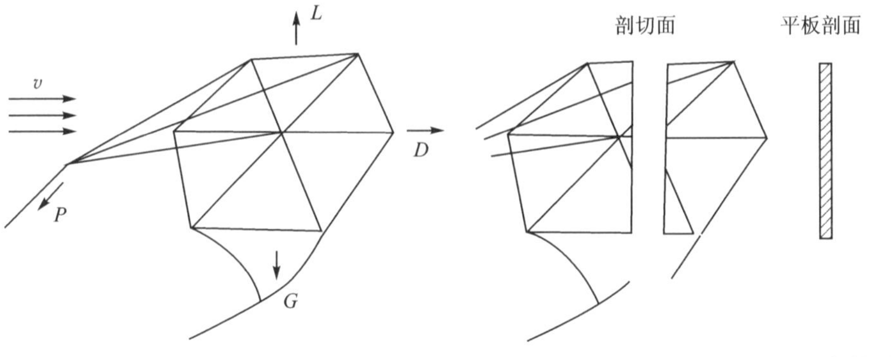

图 3-1　风筝与风筝剖面

为了对风筝上的空气动力做进一步的分析，可把风筝从顶上向下切一刀，取风筝的剖面来代替风筝加以研究，如图 3-1(b)所示，研究一下当它和风速成不同夹角时，作用在其上面的空气动力情况有什么不同。风筝的剖切面与平板剖面相似，平板剖面如图 3-1(c)所示。下面将通过对平板剖面的研究来说明在风筝上产生空气动力的机理。

1. 平板剖面与相对气流速度方向夹角为0°

当平板剖面与相对气流速度方向夹角为0°时，气流绕剖面的流动情况如图3-2所示。当气流流到平板端面时，分成两股，分别沿剖面上下对称、平滑地向后流去。气流在流动过程中所受的阻滞很小，平板剖面所受的气动力R主要是空气沿平板剖面流动时空气与平板之间的摩擦阻力。但总的来说，当平板剖面与气流方向平行时，剖面上产生的空气动力很小，产生的阻力也很小。由于气流对称地流过平板上下剖面，所以不会产生垂直于气流方向的升力。

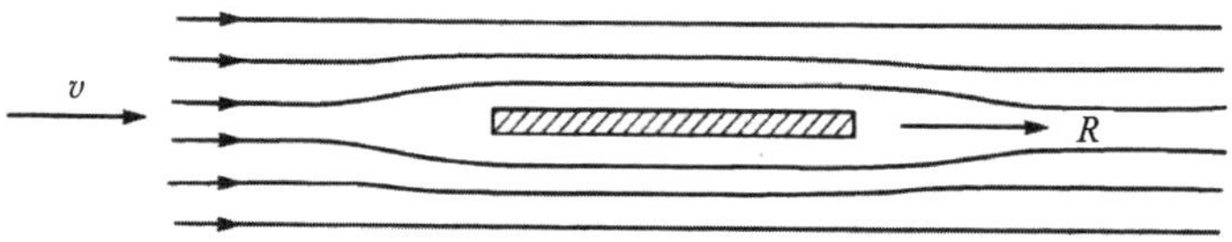

图3-2 平板剖面与相对气流速度夹角为0°

2. 平板剖面与相对气流速度夹角为90°

当平板剖面与相对气流速度方向夹角为90°时，气流绕剖面的流动情况如图3-3所示。当气流流到平板剖面的前面时，由于受到剖面的阻拦，速度降低，压强增大，在平板的前面形成高压区(用“+”表示)，在压力作用下，迫使气流绕过平板剖面的上下两端对称地向后流去。在流动过程中，由于惯性作用，上下两股气流还没有来得及汇合就继续向后冲去，因此，在平板的后面形成低压区(用“-”表示)。由于平板前面压强大，后面压强小，于是在平板前后就产生了一个压强差，形成了一个很强的“压差阻力”，再加上空气与平板之间产生的摩擦力，就产生了一个作用在平板剖面的向后的空气动力R。这个空气动力是阻止平板向前运动的，因此全部都是阻力。

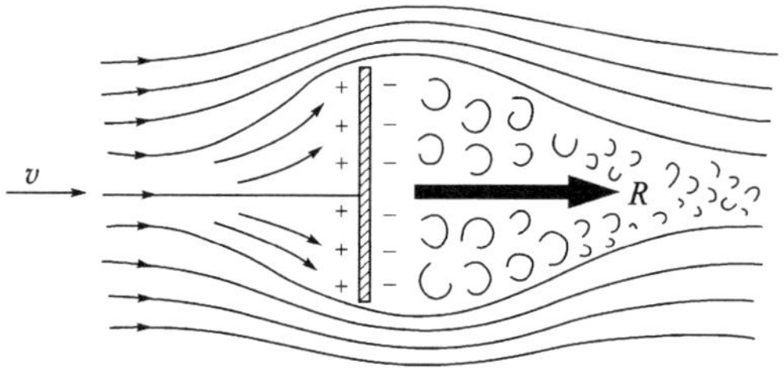

图3-3 平板剖面与相对气流速度夹角为90°

如图3-3所示，由于低压区的空气受向前冲的气流的带动，产生了许多漩涡，这种气流脱离物体的现象叫作“气流分离”。

3. 平板剖面与相对气流速度成一定角度

当平板剖面与相对气流速度方向成一定夹角时，气流绕剖面的流动情况如图3-4所示。此时气流沿平板的流动变得上下不对称了。当气流流到平板剖面的前面时，受到剖面的阻拦，速度降低，压强增大，气流分成上下两股绕剖面向后流动，并在平板后形成低压区，产生气流分离，平板前后形成了压强差，再考虑到空气与平板之间产生的摩擦力 F，就形成了总的空气动力 R。

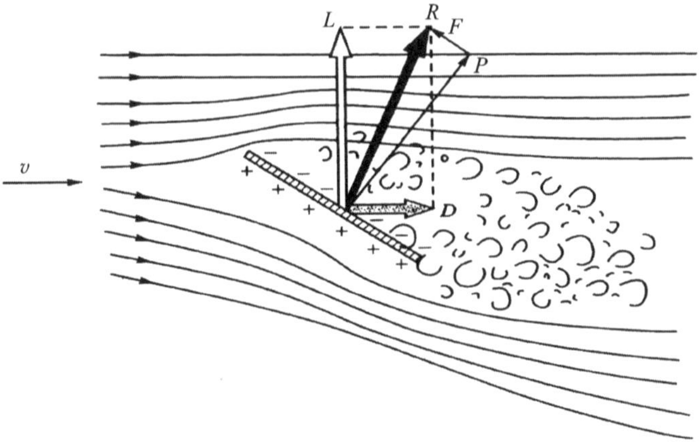

图 3-4　平板剖面与相对气流速度成一定角度

由于平板剖面与气流流速成一定角度，使流经平板剖面的气流上下不再对称，因此产生的空气动力 R 的方向也就不再垂直于平板剖面，而是与平板剖面有一定的角度。由于压强差总是从高压指向低压，因此，平板上压强差的作用方向应垂直于平板剖面，并从剖面前方指向剖面后方，再加上向后的摩擦力，所以作用在平板上的总的空气动力 R 应指向剖面的后上方。

如果把 R 分解成垂直于气流方向的力 L 和平行于气流方向的力 D，则 L 就是用来克服平板重力的升力，平板或风筝就是靠这个力支持在空中的。而 D 的方向与平板的运动方向相反，因此是阻碍平板运动的阻力。

3.2　机翼的形状与基本几何参数

机翼的形状决定了机翼上的空气动力，决定了飞机产生升力的大小。从空气动力角度看，飞机的几何外形由机翼 、机身和尾翼（分水平尾翼和垂直尾翼）等主要部件的外形共同构成。其中最能代表飞机气动外形特征的是机翼。

机翼是产生升力和阻力的主要部件。作用于机翼上的空气动力情况与飞机的性能密切相关，而机翼的空气动力特性受到机翼外形的影响。以下将对机翼的几何外形相关的概念和主要参数做解释。

3.2.1　翼型的概念与分类

用平行于对称平面的切平面切割机翼所得的剖面，如图 3-5 上的 $D-D$ 剖面，称为翼剖面(简称翼型)。翼型最前端的一点叫"前缘",最后端的一点叫"后缘"。一般,翼型的几何形状可分为两大类:一类是圆头尖尾翼型,另一类是尖头尖尾翼型。飞机上采用的绝大多数翼型为圆头尖尾翼型。

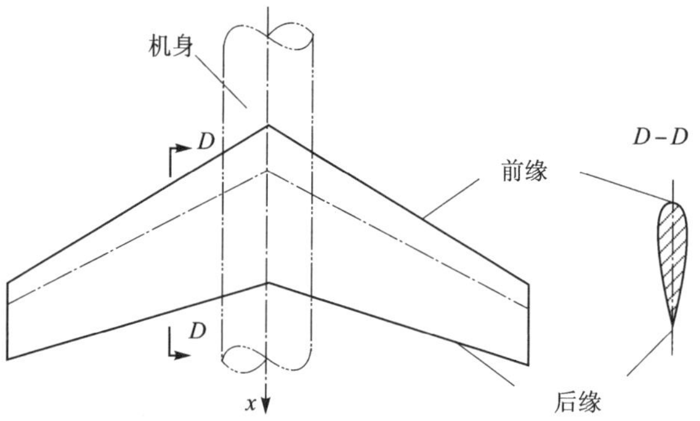

图 3-5　机翼的剖面形状

在每类翼型中又分对称翼型和非对称翼型,如图 3-6 所示。平板和弯板是最古老、最简单的尖头尖尾翼型,但它们的空气动力性能太差,结构受力情况也不好,只在航空发展的初期被采用过,目前只有理论研究价值。

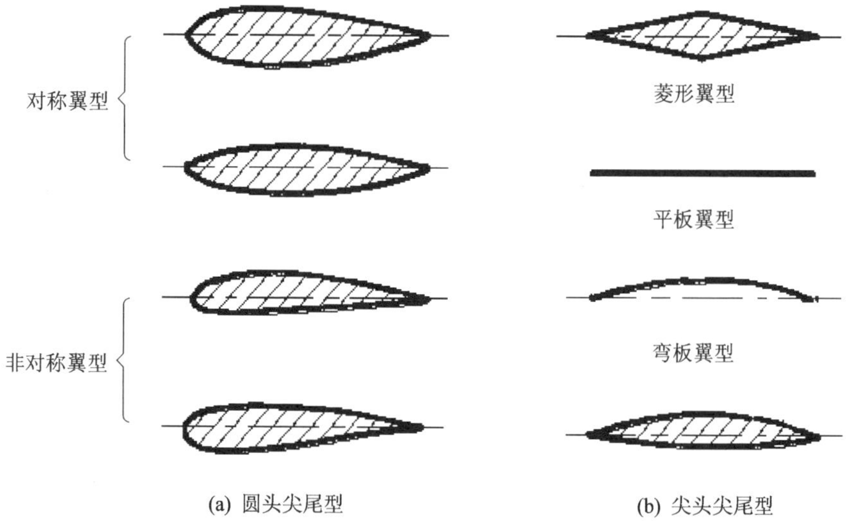

图 3-6　各种不同翼型剖面形状

3.2.2　翼型的主要几何参数

翼型的主要几何参数有弦长、相对厚度、最大厚度位置和相对弯度,如图 3-7 所示。

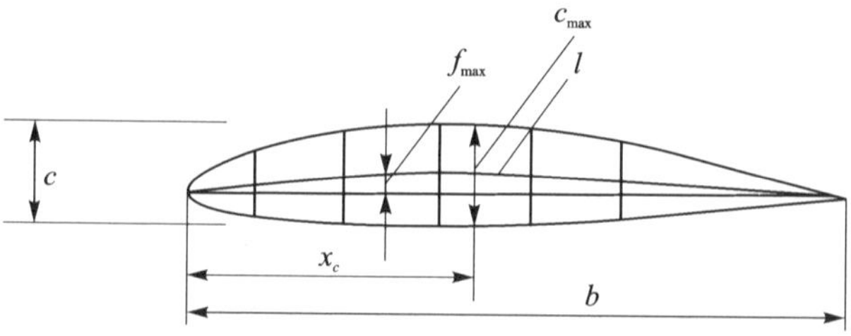

l—中线；c_{max}—翼剖面最大厚度；b—翼弦长度；f_{max}—最大弯度；x_c—最大厚度位置

图 3－7　翼剖面的特征参数

1. 弦　长

弦长是指连接翼型前缘（翼型最前面的点）和后缘（翼型最后面的点）两点的直线段的长度，通常用符号 b 表示。

由于机翼翼根和翼梢的宽度不同，所以翼根处和翼梢处的弦长也不同，用 b_1 表示翼梢处的弦长，用 b_0 表示翼根处的弦长，用 b_{av} 表示平均弦长，有

$$b_{av}=\frac{b_1+b_0}{2} \tag{3-1}$$

2. 相对厚度

翼型的厚度是垂直于翼弦的翼型上下表面之间的直线段长度。

翼型的相对厚度是指翼型最大厚度 c_{max} 与弦长 b 的比值，用符号 $\bar{c}$ 表示，其值通常用百分数表示，即

$$\bar{c}=\frac{c_{max}}{b}\times 100\% \tag{3-2}$$

现代飞机的翼型相对厚度为 3%～14%。

3. 最大厚度位置

翼型最大厚度距前缘的距离 x_c 称为最大厚度位置，通常也用弦长的百分数表示，即

$$\bar{x}_c=\frac{x_c}{b}\times 100\% \tag{3-3}$$

现代飞机的翼型，最大厚度位置为 30%～50%。

4. 相对弯度

翼型弯度是指翼型中线的弯度，而翼型中线则是各翼型厚度中点的连线。

翼型中线与翼弦之间的垂直距离称为翼型的弯度 f，而最大弯度与弦长的比值称为相对弯度 $\bar{f}$，通常用百分数表示，即

$$\bar{f}=\frac{f_{max}}{b}\times 100\% \tag{3-4}$$

翼型的相对弯度，表明翼型上、下表面外凸程度的差别。相对弯度越大，翼型上

下表面弯曲程度相差也越大；如果 $\bar{f}=0$，则中线和翼弦重合，翼型将是对称的。现代飞机翼型的相对弯度为 0～2%。

5. 安装角

翼型弦线与飞机轴线的夹角叫作安装角，通常用符号 φ 表示，一般为 0°～4°。

3.2.3 机翼的几何特性

机翼的几何特性包括机翼的平面形状和前视形状。所谓机翼的平面形状，是指从飞机顶上看下来机翼在平面上的投影形状。按照平面形状的不同，机翼可分为矩形机翼、椭圆形机翼、梯形机翼、后(前)掠机翼和三角形机翼等，如图 3－8 所示。前 3 种形状主要用于低速飞机，而后 2 种形状则主要用于高速飞机。

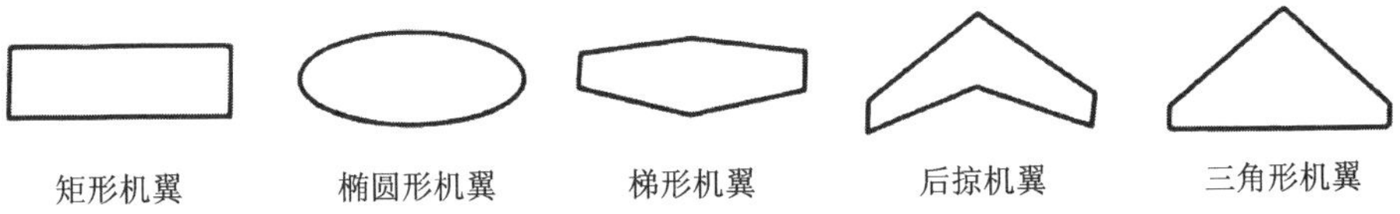

图 3－8 机翼平面形状

表示机翼平面形状的主要参数有机翼面积、翼展、展弦比、梢根比和后掠角，如图 3－9 所示。

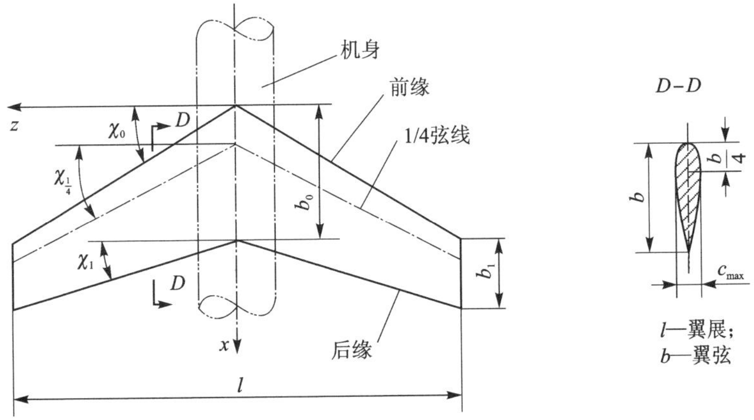

图 3－9 机翼的几何参数

1. 机翼面积

机翼平面形状所围的面积称为机翼面积，用 S 表示。

2. 翼 展

机翼左右翼梢之间的最大横向距离称为翼展，通常用 l 表示。

3. 前缘后掠角

机翼前缘线与垂直于翼根对称平面的直线之间的夹角，称为机翼的后掠角，用

χ_0 表示。现代高速飞机的后掠角 $\chi_0=35°\sim60°$。

4. 展弦比

机翼展长与平均几何弦长之比称为机翼的展弦比，用 λ 表示，即

$$\lambda=\frac{l}{b_{av}} \tag{3-5}$$

而机翼的平均几何弦长，又等于机翼面积 S 与翼展 l 之比，即

$$b_{av}=\frac{S}{l} \tag{3-6}$$

将此关系代入式(3-5)得

$$\lambda=\frac{l}{b_{av}}=\frac{l^2}{b_{av}l}=\frac{l^2}{S} \tag{3-7}$$

5. 梢根比

机翼翼梢弦长与翼根弦长之比称为机翼的梢根比，用 η 表示，即

$$\eta=\frac{b_1}{b_0} \tag{3-8}$$

6. 机翼的前视形状

机翼的前视形状可用机翼的上反角来说明。垂直于飞机对称平面的直线与机翼下表面(有的定义为与机翼翼弦平面)之间的夹角，称为机翼的上反角 Ψ。通常规定上反为正，下反为负。图 3-10 表示了 $\Psi>0$ 和 $\Psi<0$ 的两种机翼的前视形状。

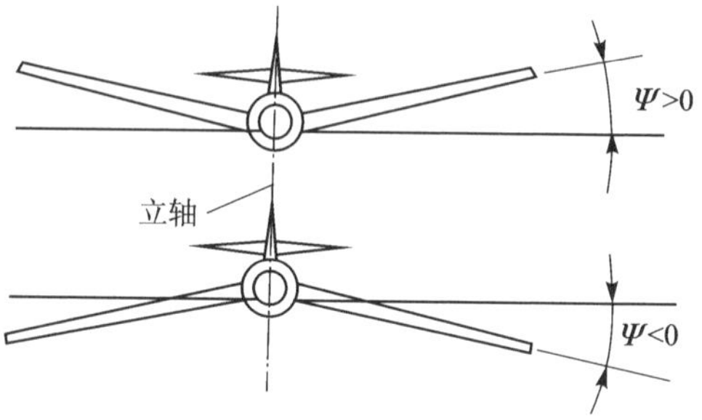

图 3-10　上反角和下反角

以上所述翼型和机翼的各几何参数对机翼的气动特性影响较大。特别是机翼面积、上反角、展弦比、梢根比、后掠角以及相对厚度这几个参数，对机翼的空气动力特性有重大的影响。

3.3　升力的产生

1. 升力的成因

翼型上产生升力，在翼后缘重新汇合向后流去。因为机翼上表面凸起的影响，流

管变细，根据连续性定理和伯努利定理，流管细处流速快，压力小；在机翼下表面，流管相对比上表面粗，流速也比较慢，压力也比较大，这样机翼上、下表面产生压力差。垂直于翼弦方向的压力差的总和就是空气动力，用 R 表示。其分量垂直于相对气流方向的压力差的总和就是升力，用 L 表示，如图 3－11 所示。

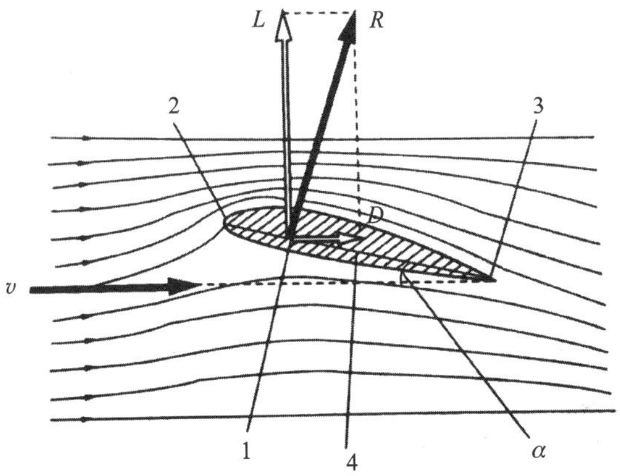

1—压力中心；2—前缘；3—后缘；4—翼弦

图 3－11　小迎角 α 下翼剖面上的空气动力

2. 机翼表面的压力分布

机翼表面上各个点的压力大小可以用箭头长短来表示，如图 3－12 所示。箭头方向朝外，表示比大气压力低的吸力或称负压力；箭头指向机翼表面，表示比大气压力高的正压力，简称压力。把各个箭头的外端用平滑的曲线连接起来，就是用向量表示的机翼压力分布图。图上吸力用“－”表示，压力用“＋”表示。

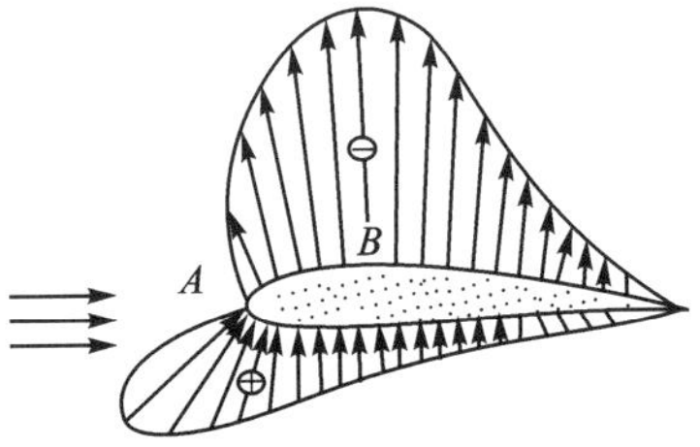

图 3－12　机翼压力分布的矢量表示

机翼上表面的气流速度要加大，大于前方气流的速度，同时，静压要下降，低于前方气流的压力；机翼下表面的气流速度要减小，小于前方气流的速度，同时，静压要上升，高于前方气流的压力。

在机翼的前缘有一点（A），气流速度减小到零，正压达到最大值，此点称为驻点。机翼上表面有一点（B），气流速度最大，负压达到最大值，称为最低压力点。

3. 机翼的迎角

迎角反映的是相对气流与机翼之间的相对位置。因此，翼弦与相对气流方向所夹的角叫作迎角，迎角用 α 表示。相对气流方向指向机翼上表面，为负迎角；相对气流方向与翼弦重合，迎角为零。飞行中，飞行员可通过前后移动驾驶盘来改变迎角的大小或者正负。正常飞行中经常使用的是正迎角。

一般而言,随着迎角增大,升力也会增大,但当迎角增大到一定程度时,气流就会从机翼后缘开始分离,尾部会出现很大的涡流区,这时,升力会突然下降,而阻力却迅速增大,这种现象称为“失速”,如图 3-13 所示。因此,在飞行速度等其他条件相同的情况下,得到最大升力的迎角,叫作临界迎角或失速迎角。在小于临界迎角的范围内增大迎角,升力增大;超过临界迎角后,再增大迎角,升力反而减小。

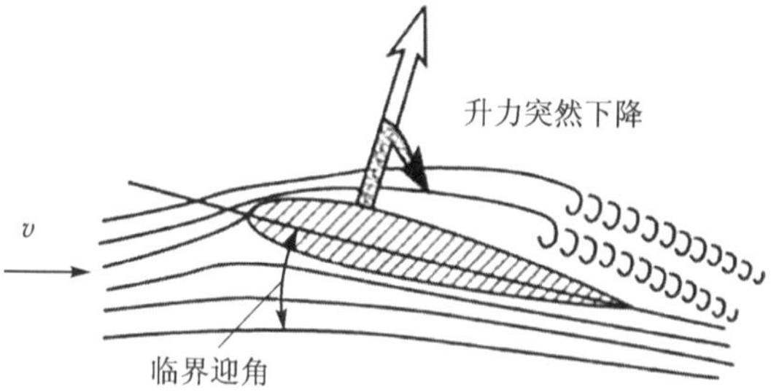

图 3-13 失速现象

因此,在采用增加迎角的方法来增加升力的时候,不能让飞机在接近或者大于临界迎角的状态下飞行,否则飞机会产生失速,甚至造成飞行事故。

3.4 影响飞机升力的因素

在设计飞机时,应该尽量使飞机的升力大而阻力小,这样才能获得比较好的飞行性能。如何才能提高飞机的升力呢?首先得明白是哪些因素影响着飞机升力的产生。

1. 飞行速度

基本上每个人都有这样的体验,风速越大,所感受到的风力也就越大。飞机的空气动力也是一样,相对速度越大,机翼产生的空气动力也就越大。在同一迎角下,机翼流线谱,即机翼周围的流管形状基本上是不随飞行速度而变的。飞行速度越大,机翼上表面的气流速度将增大得越多,压力降低得越多;同时,机翼下表面的气流速度减小得越多,压力也增加得越多。于是机翼上、下表面的压力差相应增大,升力也相应增大。但升力与相对速度 v 并不是简单的正比关系,而是升力与相对速度的平方成正比。

2. 空气密度

大气中空气密度越大,当空气流过机翼表面时,就算速度发生很小的变化,气流的动压变化也会很大,作用在机翼上表面的吸力和下表面的正压力也都会增大。所以,机翼的升力随空气密度 ρ 的增大而增大;反之当空气稀薄时,升力就变小了,即机翼产生的升力与大气密度 ρ 成正比关系。

3. 机翼面积

飞机的升力主要在机翼表面上产生，而机翼上的升力又是由机翼上下翼面的压力差产生的。因此，如果压力差作用的机翼面积越大，则在机翼表面产生的升力也就越大。机翼面积通常用 S 表示。需要注意的是，机翼面积包括了机翼和机身连接的那一部分机身的面积。机翼产生的升力和机翼表面积的大小成正比关系。

4. 机翼形状和仰角

机翼的翼剖面形状及仰角不同，则产生的升力也就不同。因为，不同的翼剖面和不同的仰角，会使机翼周围的气流流动状态（包括流速和压强等）发生变化，因而导致升力大小的改变。机翼的相对厚度对机翼的升力也有很大的影响。一般而言，机翼的相对厚度大，机翼的升力也大。原因是：相对厚度大，机翼上表面弯曲程度也会大，这样一方面使空气流过机翼上表面的流速增快得多，压力也降低得多，故升力增大。

最大厚度位置靠前，机翼前缘势必弯曲得更厉害些，导致流管在前缘变细，流速加快，吸力增大，升力较大；最大厚度位置靠近翼弦中央，升力较小。

在相对厚度相同的情况下，中弧曲度大，表明上表面弯曲比较厉害，流速大，压力低，所以升力比较大。平凸型机翼比双凸型机翼的升力大，对称型机翼升力最小。

放下襟翼和前缘缝翼张开，会改变机翼的切面形状，从而会改变机翼的升力和阻力。又如机翼结冰，会破坏机翼流线型外形，从而使升力降低，阻力增大。

翼型和迎角对升力的影响可以通过升力系数 C_L 表现出来。在一定迎角范围内，随着迎角的增大，升力也会随之增大。当迎角超出此范围而继续增大时，则会产生失速现象。

总结以上各因素的影响，升力的公式可写成

$$L=\frac{1}{2}\rho SC_L v^2 \tag{3-9}$$

式中，L 为升力(N)；C_L 为升力系数；ρ 为空气密度(kg/m^3)；v 为飞行速度(m/s)；S 为机翼面积(m^2)。

3.5 增升装置

增升装置——机翼上用来改善气流状况和增加升力的活动面。增升装置可以使飞机在尽可能小的速度下产生足够的升力，提高飞机的起飞和着陆性能。在起飞、着陆和机动飞行时使用增升装置可以改善飞机起飞、着陆和机动飞行的性能。飞机的增升装置主要由各种前、后缘襟翼组成。增升装置通常装在机翼的前缘和后缘，它在非使用状态下是机翼剖面的一部分。位于前缘的有前缘缝翼和前缘襟翼；位于后缘的有各种形式的后缘襟翼。

3.5.1 增升原理

飞机的增升装置通常安装在机翼的前缘和后缘位置。安装在机翼后缘的增升装置叫作后缘襟翼。根据飞机升力的影响因素 $L=\frac{1}{2}\rho SC_L v^2$ 可知，飞机在起飞和着陆时，增升原理主要有以下几点。

(1) 改变机翼剖面形状，加大翼型的弯度

加大机翼弯度可以使上翼面气流的流速加快，增大上翼面的负压值，从而提高升力系数。但加大机翼弯度也会增加压差阻力，并减小临界迎角值。

(2) 增大机翼面积

增大机翼面积可以增加升力，但同时也会增加阻力。

(3) 改变气流的流动状态，控制机翼上的附面层，延缓气流分离

控制附面层就是利用气动力表面的一些气动装置不断将动能输入附面层内，或吸取、吹除附面层。这些方法都可以加速附面层内气流的流动，减小附面层的厚度，推迟附面层分离。这种增升原理的主要作用是增大临界迎角值，防止飞机在大迎角的情况下失速，此外还可以提高升力系数。

3.5.2 增升装置概述

1. 简单式襟翼

简单式襟翼：襟翼是机翼后缘的一部分，类似于副翼，是在机翼后缘可绕转轴转动的小翼面，不使用时，闭合成为机翼后缘的一部分；使用时，绕轴向下偏转一定的角度，起增大机翼弯度和迎角的作用，从而使升力增大。它的增升效率低，但构造简单，多用在轻型飞机上，如图 3－14 所示。

简单式襟翼的增升原理：改变机翼剖面形状，增大机翼弯度，使上翼面气流加速，下翼面气流减速，增大上下翼面压力差，从而增大升力。

2. 后退开缝式襟翼

后退开缝式襟翼工作时，襟翼一边向后退，一边向下偏转；同时，又在襟翼前缘与机翼后部之间形成收敛式缝隙，使下翼面高压气流加速吹向上翼面，加快上翼面附面层流动，防止气流分离。其也称为富勒(Fowler)式襟翼，如图 3－15 所示。

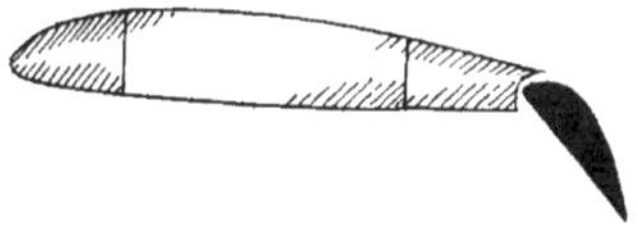

图 3－14　简单式襟翼

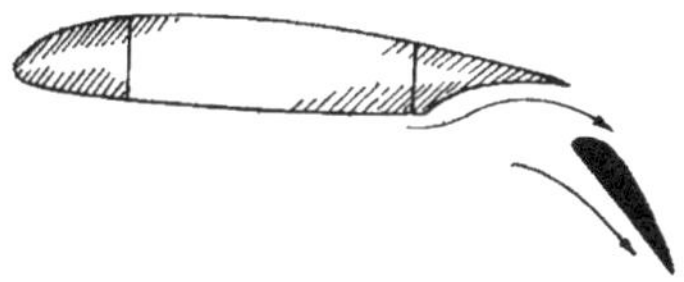

图 3－15　富勒式襟翼

富勒式襟翼的增升原理：增加了机翼弯度；增大了机翼面积；由于开缝的作用，使下翼面的高压气流以高速流向上翼面，使上翼面附面层中的气流速度增大，延缓了气流分离，起到了增升作用。因此，其增升效果特别好。

3. 双缝或三缝式襟翼

双缝或三缝式襟翼的主襟翼都采用富勒式襟翼的形式，开缝襟翼处于收上位置时与简单式襟翼差不多。使用襟翼时，襟翼边后退，边向下偏转，小翼面和主襟翼分开形成 2 条或 3 条收敛式缝隙，有更多的高压气流从下翼面通过 2 条或 3 条缝隙加速吹向上翼面。这样在襟翼偏转更大的角度时，也不会发生气流分离，可以得到更好的增升效果。双缝式襟翼如图 3－16 所示。在有些高性能飞机上，襟翼由 2～3 个小翼片组成，襟翼下偏时可形成 2～3 个缝隙。这种形式的开缝襟翼分别称为双缝式襟翼和多缝式襟翼。

双缝式襟翼，襟翼打开时，两个子翼一边向后偏转，一边向后延伸；同时，两个子翼还形成两道缝隙，它同样具有后退开缝式襟翼的三重增升效果。

4. 开裂式襟翼

开裂式襟翼本身像块薄板，处于收上位置时紧贴于机翼后缘下部，使用时绕襟翼前缘铰链轴向下偏转，好像机翼后缘沿弦面裂开一样，如图 3－17 所示。开裂处形成一低压区，对机翼上表面气流具有吸引作用，使机翼上表面流速增大，从而增大升力。开裂式襟翼在小型低速飞机上应用得较多。

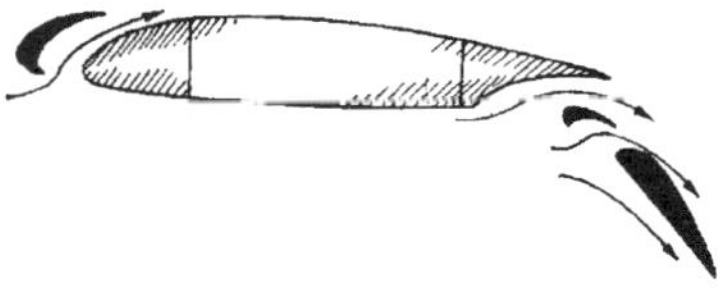

图 3－16　双缝式襟翼

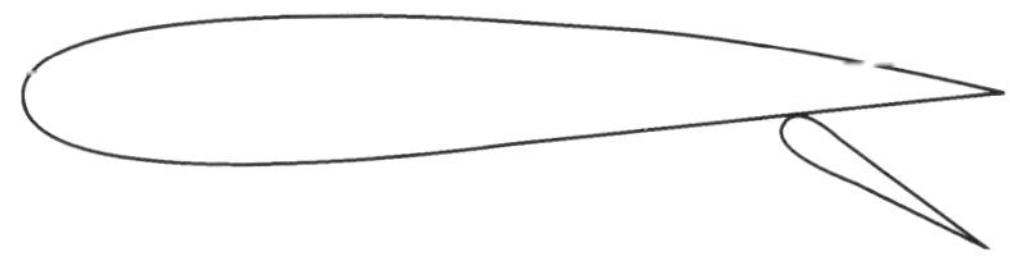

图 3－17　开裂式襟翼

开裂式襟翼的增升原理：改变了机翼形状，起到了适当增大仰角的作用。此外，后缘低压区起到了延缓附面层产生的作用，从而起到了增升的作用。

5. 后退式襟翼

后退式襟翼是指机翼后缘下半部为活动翼面，如图 3－18 所示。使用时襟翼沿滑轨后退，同时下偏，一方面增大机翼弯度，另一方面大大增加机翼后部的面积，所以增升效率较高。

图 3－18　后退式襟翼

6. 前缘襟翼

简单前缘襟翼是机翼前缘的一部分，使用时绕后部的铰链轴向下偏转(下垂)，增大机翼的弯度，能延迟机翼前缘气流的分离。其常用于超声速飞机前缘较尖锐的机翼上，和后缘襟翼配合能提高飞机的起飞性能。它是位于前缘下表面的可转翼面，可以绕前面的铰链轴向前翻转。

7. 前缘缝翼

紧贴于机翼前缘的小翼面，打开时与机翼共同形成一道缝隙，可延缓机翼前缘气流的分离，增大起飞、着陆时的升力。在有些飞机上仅在翼梢布置前缝隙，可以改善飞机在大迎角时的横向稳定性和操纵性。

8. 附面层吹除(或吸取)襟翼

机翼的升力系数主要因气流分离而降低，因此延缓机翼气流分离是增大升力的一个重要途径。对于前缘钝圆的厚机翼，分离一般是从后缘开始，随迎角的增大，分离区向前缝发展扩大。在后缘襟翼下偏的情况下，气流更易于从襟翼前缘处分离。如从发动机压气机引出少量空气，沿襟翼上表面吹气，给附面层注入一定能量，则可以延缓气流分离，达到增大机翼升力的目的。

附面层吹除装置(见图 3－19)是将高压空气从机翼上表面吹出，并以高速吹入附面层，加速附面层中气流的流动速度，推迟附面层的分离。吹除装置可以安装在靠近机翼前缘处，也可以安装在机翼后缘襟翼的前面。

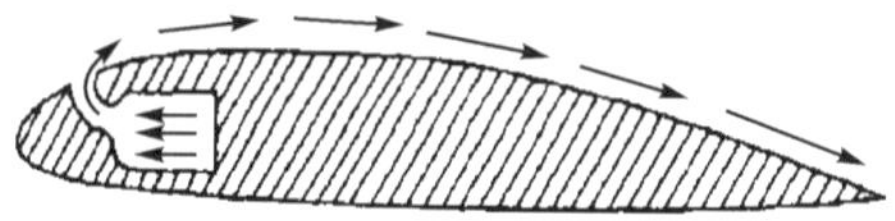

图 3－19　附面层吹除装置

附面层吸取装置(见图 3－20)是利用吸气泵，通过机翼上表面的缝隙吸取附面层空气，减小附面层的厚度，加快气流的流动，推迟附面层分离，从而起到增升的作用。

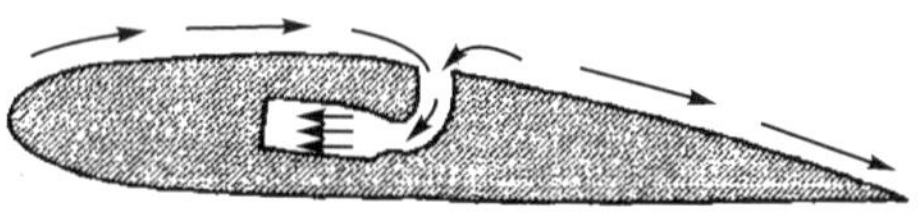

图 3－20　附面层吸取装置

襟翼增升是让发动机喷流或螺旋桨后的滑流流过机翼，利用偏转后缘襟翼的方法使高速气流向下偏折，从而增大机翼的升力。这种增升方法虽然是通过机翼实现的，但实质上是发动机的推力转向，从而得到附加升力。

3.5.3　各种襟翼增升效果比较

根据图 3－21 中不同类型襟翼对应的迎角与升力系数变化曲线可知：在相同迎角的情况下，富勒式襟翼的增升效果最好。富勒式襟翼优于开缝式襟翼，开缝式襟翼优于简单式襟翼，简单式襟翼优于基本翼型机翼。

根据图 3－22 可知，后缘襟翼在提高机翼升力系数的同时，也增加了阻力系数。当襟翼放下角度较小时，阻力增加速度比升力增加速度慢，适用于起飞状态；当襟翼

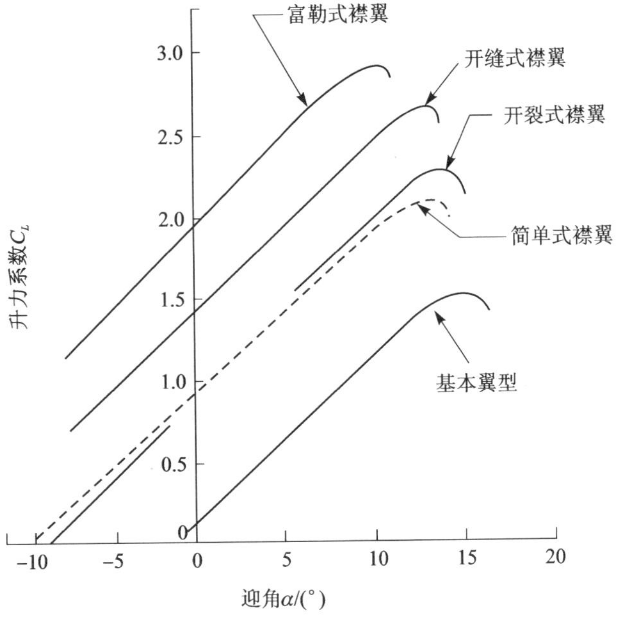

图 3-21　不同类型襟翼对应的迎角与升力系数变化曲线

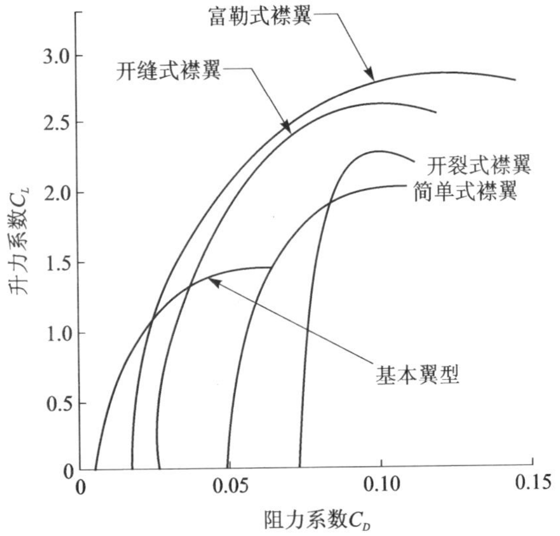

图 3-22　不同类型襟翼对应的阻力系数与升力系数变化曲线

放下角度较大时，阻力增加速度大于升力增加速度，适用于着陆状态。

起飞时，后缘襟翼放下的角度约为 20°；着陆时，后缘襟翼放下的角度约为 40°。

在使用后缘襟翼提高升力系数的同时，临界迎角却减小了。

3.6 飞机阻力的产生及减阻措施

阻力是与飞机运动方向相反的空气动力，起着阻碍飞机前进的作用。飞机在飞行时，不但机翼上会产生阻力，飞机的其他部件如机身、尾翼、起落架等都会产生阻力，机翼阻力只是飞机总阻力的一部分。

低速飞机上的阻力按其产生的原因不同可分为：摩擦阻力、压差阻力、诱导阻力、干扰阻力等。

1. 摩擦阻力

摩擦阻力是由于大气的黏性而产生的。

当气流以一定速度流过飞机表面时，由于气流的黏性作用，空气微团与飞机表面发生摩擦，阻滞了气流的流动，因此产生了摩擦阻力。空气流过飞机时，在贴近表面的地方，由于空气黏性的影响，有一层气流速度逐渐降低的空气流动层，叫作附面层，如图 3－23 所示，可以看出附面层的底部速度为零，往外速度逐渐增大，到附面层边界，速度不再变化，等于附面层外主流的速度。附面层的厚度是随着气流在机翼上流动距离的加大而增厚的，在机翼前缘驻点，附面层厚度为零；离前缘越远，附面层越厚。附面层内压力沿法线方向是不变的，且等于法向的主流压力。

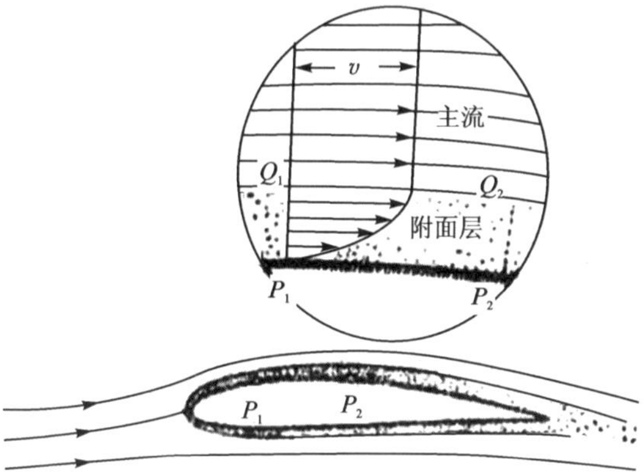

图 3－23　机翼表面的附面层

一般来说，在机翼最大厚度之前，附面层的气流微团保持平行的层状运动，没有流体微团的横向运动，这一层叫作层流附面层。在这之后，气流运动轨迹变得越来越不规则，出现旋涡和横向运动，这一层叫作紊流附面层。如图 3－24 所示，层流转变为紊流的那一点 a 叫作转捩点，附面层与翼面分离的点 b 叫作分离点。在机翼的后缘部分，气流产生了大量旋涡，形成尾迹区。实践证明，层流附面层的摩擦阻力小，而紊流附面层的摩擦阻力大。

摩擦阻力的大小与空气的黏性、飞机表面的粗糙程度、飞机表面与空气的接触面

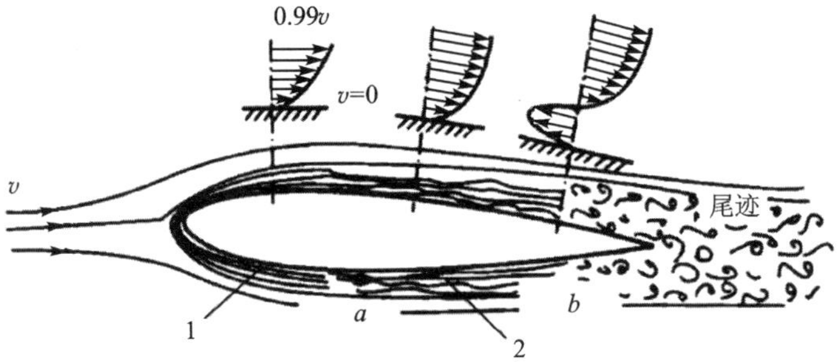

1—层流层；2—紊流层；a—转捩点；b—分离点

图 3-24　附面层示意图

积有关。为了减小摩擦阻力，应尽量减小飞机的表面积，并把飞机的表面做得平整光滑些。例如，机体表面采用埋头铆钉或整体壁板等。

减小摩擦阻力的措施如下：

① 机翼采用层流翼型，设法使附面层保持层流状态。

② 在机翼表面安装一些气动装置，不断向附面层输入能量。

③ 保持机体表面的光滑清洁。

④ 尽量减小机体与气流的接触面积。

2. 压差阻力

如图 3-25 所示，在翼型前后由于压强差所产生的阻力称为压差阻力。当空气从 a 点以速度 v 流过翼型时，在机翼前缘部分（b 点）由于受到翼型的阻拦，速度减慢，压强升高；在气流流到翼型最高点（c 点）的过程中，速度不断增大，因而压力不断下降。但在 c 点之后，气流不断减速，压力不断增大，不断增大的压力起到阻碍气流向后流动的作用，因此速度下降很快，使附面层厚度急剧增大。靠近翼型尾部的附面层相对起到了修改翼面外形的作用，使翼面向外“移动”，因此在翼型尾部（d 点）形成一个低压区。这样的翼型前后就形成了一个压强差，阻碍飞机的向前飞行，因此，把这个由前后压强差形成的阻力，叫作压差阻力。

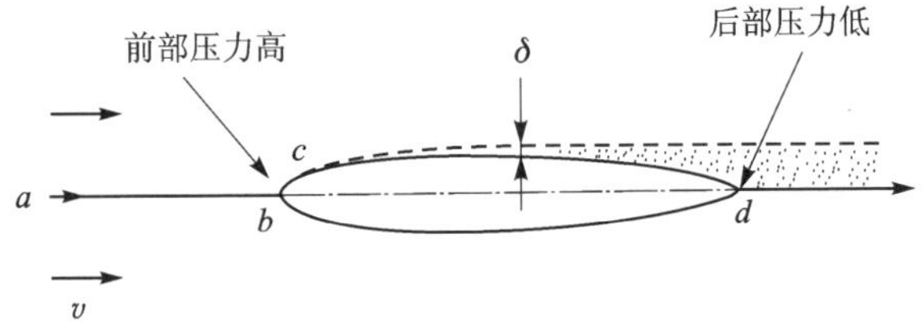

图 3-25　压差阻力的产生

飞行中，空气流过机翼时，在机翼前缘受到阻挡，流速减慢，压力增大；在机翼的后缘，由于气流分离形成涡流区，压力减小，因此形成压差阻力。

压差阻力与物体的迎风面积有很大关系，物体的迎风面积越大，压差阻力也越大。物体的形状对压差阻力也有很大影响。

减小压差阻力的办法是尽量减小飞机的最大迎风面积，并对飞机各部件进行整流，做成流线型。如图 3－26 所示，方形的阻力最大，球形的阻力次之，流线型的阻力最小。

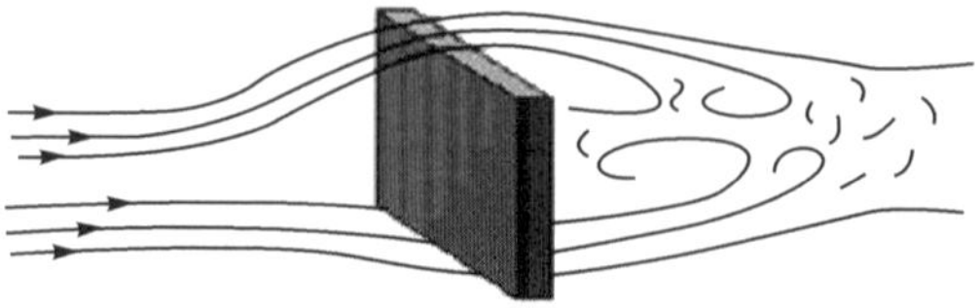

(a) 方　形

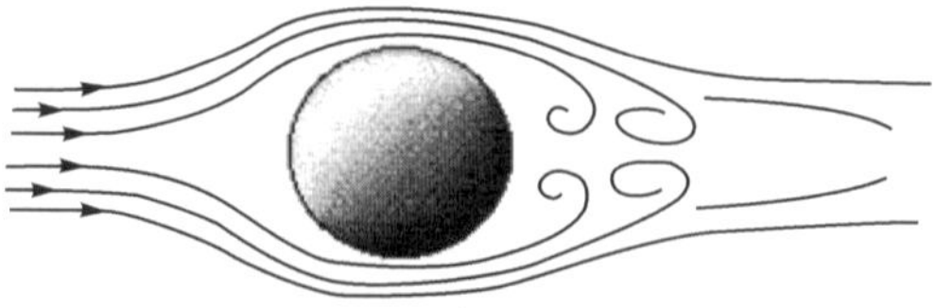

(b) 球　形

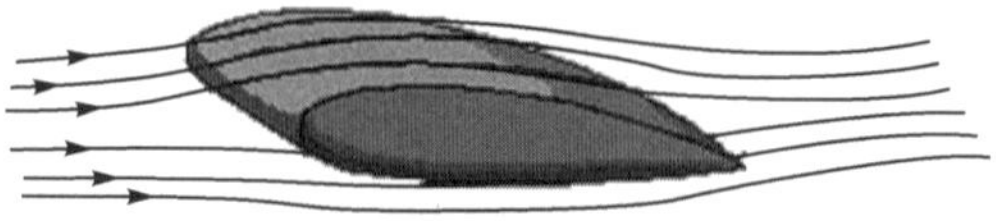

(c) 流线形

图 3－26　不同形状的压差阻力

3. 诱导阻力

诱导阻力是随升力而产生的，如果没有升力，也就不存在诱导阻力。因此，诱导阻力也称为升致阻力，它是获得升力必须付出的代价。

飞机的诱导阻力主要来自机翼，当机翼产生升力时，下面的压力比上面的大，下表面的空气就会绕过翼尖向上表面流去，这样就会在翼尖部分形成扭转的翼尖涡流，如图 3－27 所示。

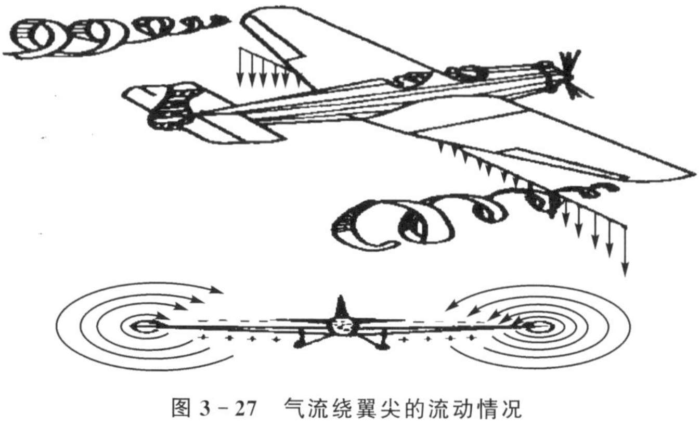

图 3－27　气流绕翼尖的流动情况

翼尖涡流使流过机翼的空气产生下洗速度 ω。流过机翼的空气，沿着相对气流速度和下洗速度的合速度方向流动，向下倾斜形成下洗流，如图 3-28 所示。气流方向向下的倾斜角度，叫下洗角 ε。

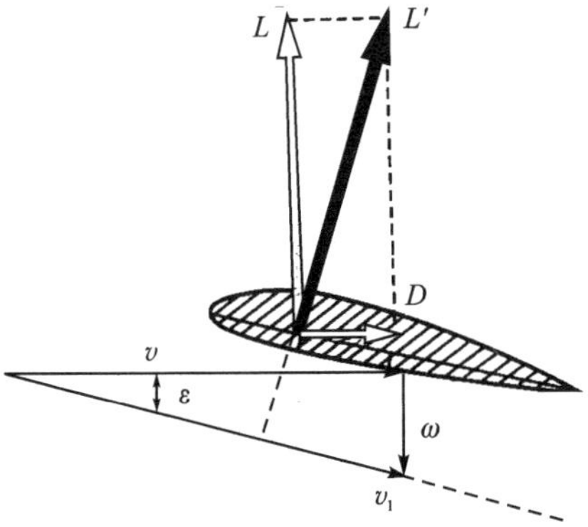

图 3-28 诱导阻力的产生

我们经常可以看到，飞行中的飞机翼尖处拖着两条白雾状的涡流索；大雁南飞排成人字形。

我们利用图 3-28 来分析产生诱导阻力的原因。升力是和相对气流方向垂直的。空气流过机翼的速度 v 与下洗速度 ω 合成后的洗流速度 v_1 的方向下倾 ε，机翼升力也相应向后倾斜同一角度。这时，升力垂直于飞行速度方向的分力 L 实际上起着升力的作用，但其平行于飞行速度方向的分力则起着阻力的作用。这个附加阻力就是诱导阻力，它是由于气流下洗使原来的升力偏转而引起的。

诱导阻力的大小与机翼的平面形状、展弦比及升力等因素有关。

机翼的平面形状不同，诱导阻力也不同。在其他因素（比如速度和升力）相同的条件下，椭圆形机翼的诱导阻力最小，矩形机翼的诱导阻力最大，梯形机翼的诱导阻力介于中间。椭圆形机翼虽然诱导阻力最小，但制造施工复杂，一般多使用梯形机翼。机翼面积相同，而展弦比不同的两架飞机在相同升力的情况下，其诱导阻力的大小也不同。展弦比大，则诱导阻力小；展弦比小，则诱导阻力大，如图 3-29 所示。

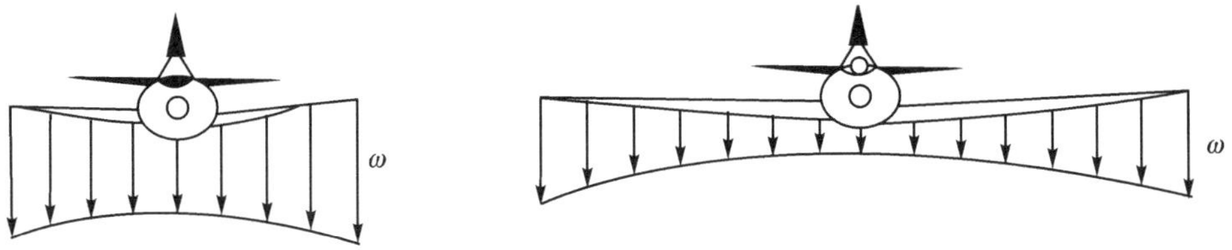

(a) 展弦比小　　(b) 展弦比大

图 3-29 不同展弦比的机翼的下洗速度

其原因是：小展弦比产生的下洗速度 ω 较大，升力的倾斜也大，从而带来较大的诱导阻力；大展弦比产生的下洗速度较小，升力倾斜得也小，所以诱导阻力比较小。翼尖挂有副油箱，如图 3-30 所示，空气绕翼尖的上下流动受到限制。这相当于增大了机翼展弦比，故诱导阻力减小。还可采取增大展弦比的其他措施，如机翼上装翼梢小翼，如图 3-31 所示。

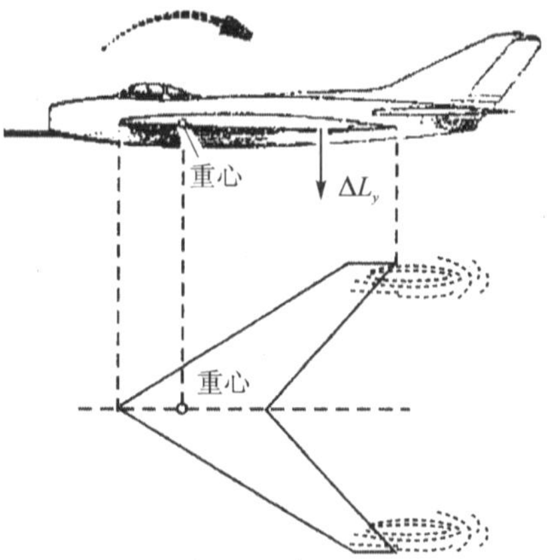

图 3－30　翼尖挂副油箱的飞机

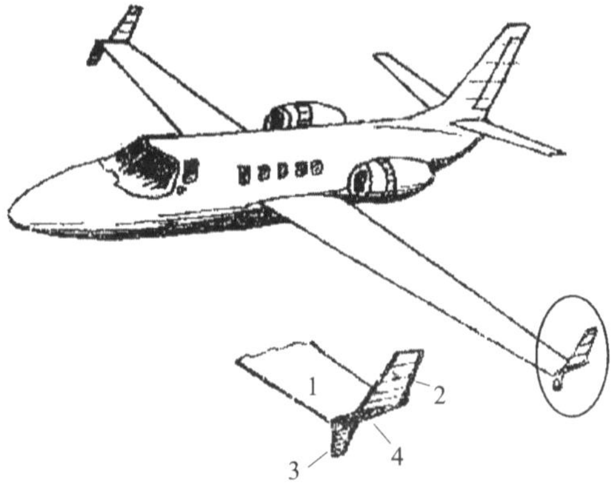

1—机翼；2—上翼梢小翼；3—下翼梢小翼；4—机翼翼梢剖面

图 3－31　装翼梢小翼的飞机

4. 干扰阻力

飞行中，整架飞机的阻力往往大于机翼、机身、尾翼及其他部件在同样气流中的阻力的总和。这种因为各部分气流互相干扰所引起的阻力，叫干扰阻力。干扰阻力就是飞机各部件组合到一起后由于气流的相对干扰而产生的一种额外阻力。如图 3－32 所示的机身与机翼的连接处即会产生干扰阻力。

干扰阻力与飞机不同部件之间的相对位置有关。在设计时要妥善考虑和安排各部件的相对位置，必要时在这些部件之间加装整流罩，使连接处圆滑过渡，尽量减少部件之间的相互干扰。

机身与机翼、尾翼的结合部，以及机翼下面悬挂的副油箱或发动机吊舱都会产生干扰阻力。例如机身与机翼连接处的中部，由于机身和机翼的表面都向外凸出，流管变细，流速增大，压力减小。而在后部由于机翼和机身表面都向内弯曲，流管变粗，流

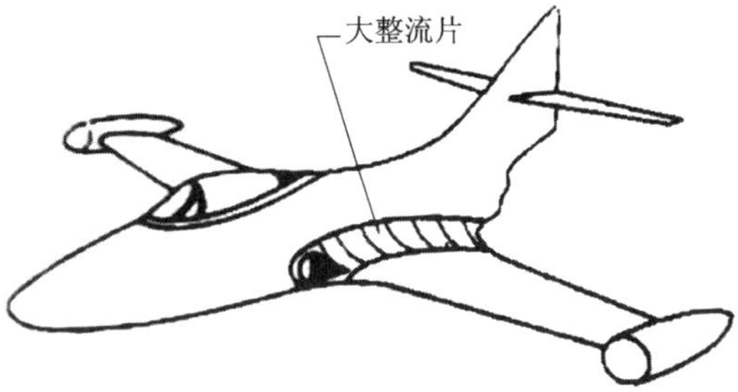

图 3-32　干扰阻力的产生

速减小，压力增大。这种后面压力大，前面压力小的变化，就促使气流的分离点前移并使翼根后部的涡流区扩大。它所产生的阻力要比机身和机翼两者阻力之和大。这个多出来的阻力，就是干扰阻力。

为了减小干扰阻力，通常在机身与机翼、尾翼的连接部位安装整流包皮，以避免流管过分扩张而产生气流分离。

3.7　风洞的功用和典型构造

飞机的升力和阻力的大小及其相应关系，对于飞机飞行性能有很大的影响。要提高飞机的飞行性能，应使飞机在飞行过程中产生的升力大、阻力小，从而得到良好的空气动力特性。要想得到准确的升力和阻力变化情况，除了做必要的计算外，还要通过实验的方法获得必要的数据，目前应用最广泛的实验就是风洞实验。

风洞是一种利用人造气流来进行飞机空气动力实验的设备。早期的风洞尺寸小，风速也较低。飞机模型或机翼模型一般只有原飞机的 1/10。为了使实验结果更接近于真实情况，就要将模型的尺寸加大，因此风洞的尺寸也随着增大，现在的巨型低速风洞可以容纳整架 1∶1 比例的飞机做吹风实验。随着飞机飞行速度的不断提高，风洞的风速也由最初的每小时几十千米，逐渐增大到亚声速和超声速，因此出现了超声速风洞。

在风洞中，根据相对运动原理，人们利用人造风吹过飞机或机翼模型，来研究模型上产生的空气动力的大小和变化。为了保证风洞实验结果尽可能与飞行实际情况相符，必须做到以下几点：

① 必须把实验模型和真飞机的形状做得尽可能相似，即把模型各部分的几何尺寸按真飞机的尺寸，以同一比例缩小。保证飞机和模型之间的“几何相似”。

② 必须使真飞机与模型的各对应部分的气流速度大小成同一比例，而且流速方向也要相同，也就是说二者在气流中的相对位置必须相同。此外，实验时风洞中的气流扰动情况，也要与实际飞行时的气流扰动情况相同，即应保证“运动相似”。

③ 必须使作用于模型上的空气动力即升力和阻力，与作用于真飞机上的空气动

力的大小成比例，而且方向相同，即应保证“动力相似”。

要做到“动力相似”，主要困难在于阻力的变化。因为随着速度的增大，阻力中的压差阻力增加得较快，而摩擦阻力增加得较慢。实验时，模型的尺寸一般比真飞机小得多，而且风洞中的风速也比真正的飞行速度小得多。因此在实验时摩擦阻力在总阻力中所占的比例就必然大得多。为了保证“动力相似”，必须使模型的摩擦阻力在总阻力中所占的比例与真飞机中所占的比例一样。为此，就必须使模型实验时的雷诺数与真飞机飞行时的雷诺数一样。

1. 雷诺数

雷诺数(用 Re 表示)是用来表明摩擦阻力在模型或真飞机的总阻力中所占比例大小的一个系数。雷诺数与摩擦阻力在总阻力中所占的比例大小成反比。

雷诺数的定义为

$$Re = \rho \frac{vl}{\mu} \tag{3-10}$$

式中，ρ 为空气的密度；v 为风洞中的风速或飞行速度；l 为飞机或模型的一个特征尺寸，如机翼翼弦弦长(因为飞机各部分的几何尺寸之间有一定的比例，从任何一部分的长度都可以看出其他部分以至整个飞机或模型尺寸的大小)；μ 为空气的黏性系数(或内摩擦系数)。

因此，如果用风洞实验数据计算真飞机的空气动力，必须选用雷诺数相近、最好是相等的数据，这样才能获得比较准确的结果，否则就会产生很大的误差。

2. 低速风洞的构造

如图 3-33 所示是一种简单的直流式低速风洞的构造。风洞的人造风是由风扇旋转时产生的。风扇由电动机带动，调整电动机的转速，就可以改变风洞中气流的流速。

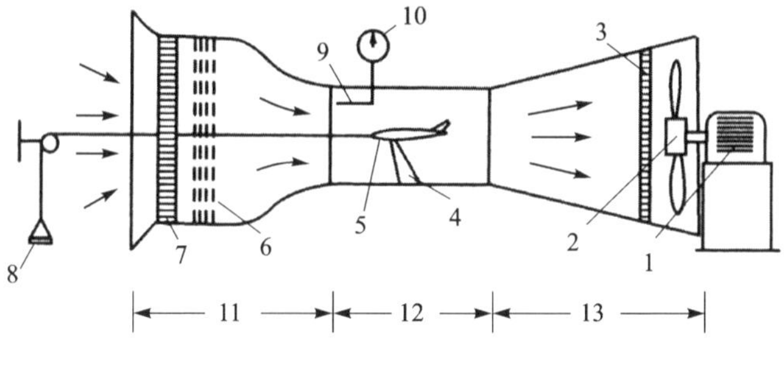

1—电动机；2—风扇；3—防护网；4—支架；5—模型；6—铜丝网；7—整流格；
8—天秤；9—空速管；10—空速表；11—收敛段；12—实验段；13—扩散段

图 3-33　直流式低速风洞

风洞工作过程如下：电动机 1 驱动风扇 2 转动产生人造风，人造风首先通过收敛段 11 使气流收缩、速度增大。气流通过整流格 7 使涡流减小，并在实验段 12 的进口处达到希望的流速，然后再以平稳的速度通过实验段 12。飞机或机翼模型就放在实验段的支架 4 上进行实验。气流从实验段流过扩散段 13，使流速降低，能量的损失减小。最后气流通过防护网 3 流出风洞之外。防护网的作用是保护风扇的叶片不被偶尔从实验段中散落的物件撞击破坏。做风洞实验需要不少精密的仪器设备，例如测量模型上的空气动力大小的天秤 8。天秤可以测出作用在模型上的升力、阻力和俯仰力矩；此外，还要有测量气流速度的空速表 10 和空速管 9，以及温度计、气压计和湿度计等，还需要模型表面压力分布的压力计、数据采集和处理设备以及控制风洞运行的其他设备等。

烟风洞也是一种低速风洞，其主要用于形象地显示出环绕实验模型的气流流动的情况，使观察者可以清晰地看出模型的流线谱，或拍摄出流线谱的照片。烟风洞一般由风洞本体、发烟器、风扇电动机和照明设备等组成，如图 3－34 所示。风洞的剖面呈矩形，为闭口直流式。烟从发烟器 1 产生，沿管道 2 流向梳状管 3（即很多并列的细管），烟雾通过梳状管形成一条条细的流线，流线流过实验段 4 时，就可以观察气流流过模型时的流动情况。烟雾流过实验段后流入沉淀槽 5，最后流到风洞的外面。发烟器底部装有电加热器，把注入的矿油点燃而发烟。为了看得更清楚或便于摄影，风洞实验段后壁常漆成黑色，并用管状的电灯来照明。

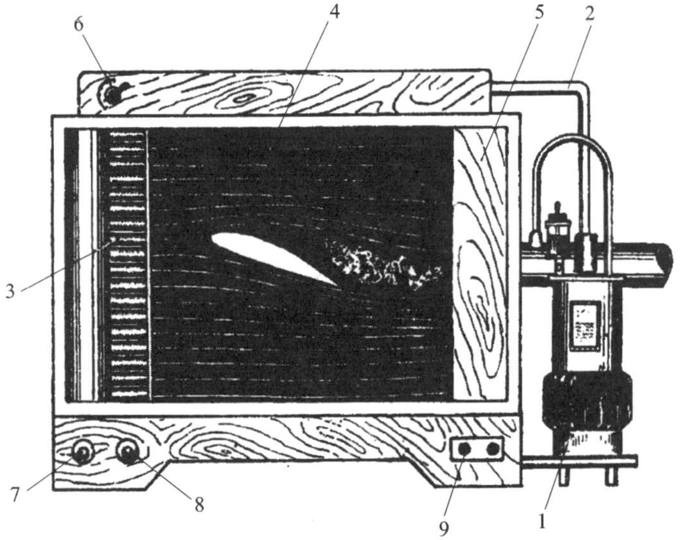

1—发烟器；2—管道；3—梳状管；4—实验段；5—沉淀槽；6—烟量开关；
7—烟速调整钮；8—模型迎角调整钮；9—发烟器及照明开关

图 3－34 烟风洞构造示意图

3. 高速风洞的构造

高速风洞包括亚、跨、超以及高超声速风洞等。这里主要介绍超声速风洞。超声速风洞的特点是，人造风的速度是超声速的。超声速气流由超声速喷管产生。超声速喷管(又叫“拉瓦尔喷管”)是一个先收缩后扩张的管道,把它装在实验段之前可以产生超声速气流。

如图 3-35 所示是一座直流“暂冲式”超声速风洞的示意图。这种风洞是靠高压空气和大气之间的压力差来工作的。如图所示,先用电动机 1 带动空气压缩机 2 工作,把空气加压,储存在储气罐 3 中备用。风洞开始工作时,打开快速阀门 9,使气流迅速地通过整流格 4,冲入超声速喷管 5,产生超声速气流,接着流过实验段 6,然后再通过扩散段 8 降低气流速度,最后流出风洞。在进行超声速实验时,把模型 7 放在实验段 6 内就可进行实验了。

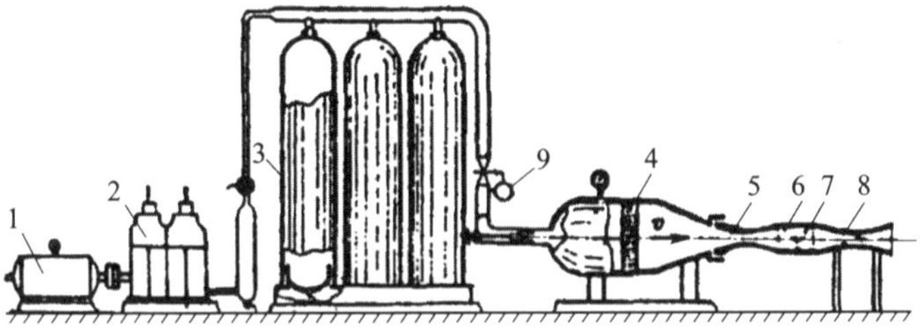

1—电动机;2—空气压缩机;3—储气罐;4—整流格;5—超声速喷管;
6—实验段;7—模型;8—扩散段;9—快速阀门

图 3-35　暂冲式超声速风洞

暂冲式超声速风洞的最大优点是降低了电动机的功率。但其工作时间很短,一般只有几分钟。在这么短的时间内进行实验和记录数据,就必须有一套自动化的仪器设备。如果要延长它的工作时间,就要采用很大的储气罐,并且还要延长增压储气的时间。

目前超声速风洞的气流速度可超过声速好几倍。如把气流速度增加到更高,就需要高超声速风洞。高超声速风洞在构造上和超声速风洞差不多,只是多了几种特别的设备而已。风洞实验毕竟与真飞机的飞行状况不同,所以风洞实验所得的结果,必须加以校正才能应用。除了采用风洞进行实验外,还应采用飞行试验的方法,即用真的飞机进行试飞,在飞机上安装必要的仪器设备,以获得所需要的实验数据。

4. 风洞的功用

风洞可用来对整架飞机或飞机的某个部件(如机翼)进行吹风实验。图 3-36 是某种机翼的翼剖面在低速风洞中实验所得的三种曲线,即升力系数 C_L、阻力系数 C_D 和升阻比 $K=C_L/C_D$ 相对于迎角 α 的曲线。

$C_L-\alpha$ 的曲线是根据升力公式(3-9)求得的。由此式可得

$$C_L=\frac{2L}{v^2 S\rho} \tag{3-11}$$

做风洞实验时,把模型放在一定的迎角位置,通过测量上式中各项的值,即可得到对应于此迎角的值 C_L。上式中的 L 可用空气动力天秤测得,机翼面积 S 可从模

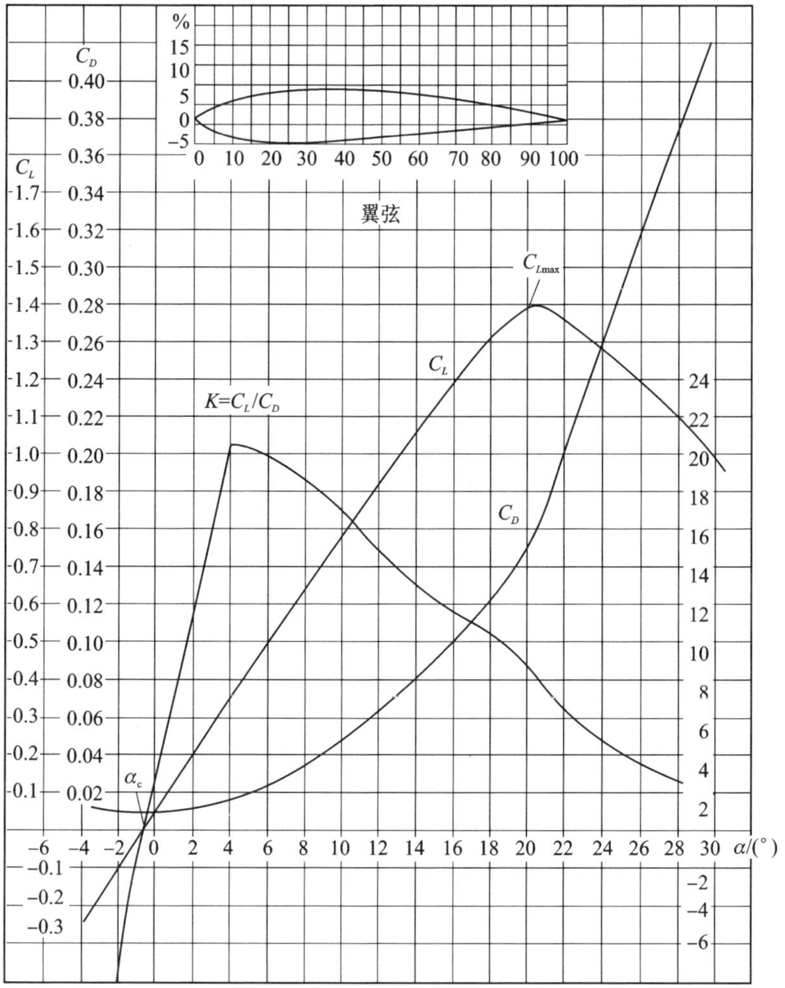

图 3－36　翼剖面风洞实验所得的三种曲线

型量取，风洞中的空气密度 ρ 可由量得的温度和气压算出，空气流速可用空速表测得。通过不断变换迎角位置，就可绘出 $C_L-\alpha$ 曲线。

$C_D-\alpha$ 曲线的求法与 $C_L-\alpha$ 曲线的求法相同，但此时阻力系数的公式变为

$$C_D=\frac{2D}{v^2S\rho} \tag{3-12}$$

式中，D 为机翼上产生的阻力。

K 为升阻比，即升力系数与阻力系数的比值。在设计飞机时，我们希望能有一个大的 K 值，此值越大，对飞行越有利。把 K 值与对应的 α 值绘成曲线，就是 $K-\alpha$ 曲线。

从 $C_L-\alpha$ 曲线可以看出，这种翼剖面的 C_L 值随迎角的增大而增大，在达到最大

升力系数 $C_{L\max}$ 之前，几乎是按线性规律增加的。与 $C_{L\max}$ 相对应的迎角称“临界迎角”（或“失速迎角”）。超过此迎角，飞机机翼上会出现气流分离的现象，升力会突然降低，造成失速，这对飞机的飞行是非常危险的。临界迎角一般在 15°～20°。

图 3－36 中这种翼剖面是不对称的，因此在迎角为零（$\alpha=0°$）时仍有升力，所以 C_L 并不等于零。但在某一特定迎角（一般是负值）时，C_L 刚好等于零，这时的迎角叫零升迎角 α_0。若迎角从 α_0 继续减小，则 C_L 变为负值了。

从 $C_D-\alpha$ 曲线可以看出，曲线形状有点像抛物线，C_D 随着 α 的增大而增大，并大致按抛物线规律增长。与 C_L 不同，在 C_D 曲线上，C_D 值永远不等于零，也就是说，机翼上的阻力总是存在的。但 C_D 有一个最小值，此值一般在 $\alpha=0°$ 左右。

从 $K-\alpha$ 的曲线可知，K 也有负值和等于零的情况。从负值起，到 K 等于零之后的一定范围内，其值迅速随迎角的增大而增大。当增大到最大值 $K_{\max}$ 之后，K 又随迎角的增大而逐渐减小。$K_{\max}$ 值在 $\alpha=0°\sim4°$ 时，飞机在 $K_{\max}$ 状态下飞行是最有利的，此时其空气动力效率最高，因此飞机大都以较小的迎角 $\alpha=3°\sim5°$ 飞行。

风洞能做的实验种类很多，就翼剖面而言，还可通过实验求得它的极曲线、压力中心和迎角变化曲线、力矩曲线等，在此不再一一赘述。

思考题

1. 平板上的空气动力是怎样产生的？
2. 什么是翼型？什么是迎角？
3. 升力是怎样产生的？它和迎角有何关系？
4. 影响升力的因素有哪些？
5. 飞机增升装置的种类有哪些？
6. 飞机的增升原理有哪些？
7. 飞机的气动布局形式有哪些？
8. 机翼的几何参数有哪些？
9. 低速飞机的阻力有哪些？各自的减阻措施是什么？

第4章　高速飞行原理

随着飞机的改进,飞行速度日益提高,当速度接近声速时,飞机阻力急剧增大,飞行不稳定,常发生自动下俯、倾斜现象,甚至产生操纵失灵等反常情况。曾有人把这些现象视为阻拦飞行速度进一步提高的障碍,即所谓"声障",误认为声速是速度不可逾越的"极限"。随着科学技术与生产实践的不断发展,人们对事物的认识也逐步加深,认识到所谓"声障"只不过是在跨声速飞行时,飞机产生了激波现象。随着人们对此进行的深入研究,改善了飞机的外形,采用喷气式发动机,使得飞机能够突破"声障",实现了超声速飞行。

为什么飞机在跨声速或超声速飞行时会产生激波呢?这是高速气流特性决定的。在此首先介绍高速气流特性,再介绍高速飞行空气动力和高速飞机外形的特点。

空气从低速流动发展到高速流动时,气流特性发生了显著变化,甚至出现性质上的差别,例如,超声速气流要加速,流管不是变细而是变粗;超声速气流因产生激波而突然减速。

高速气流为什么会出现这些变化呢?下面将以空气压缩性作为叙述的起点,分析超声速气流的加、减速特性。

4.1　高速气流特性

所谓气流特性,就是指流动中的空气,其压强、密度、温度以及流管粗细与气流速度之间相互变化的关系。在气流速度由低速转变为高速或者由低于声速转变为超过声速的过程中,这个关系越来越不相同。在气流速度低于声速的阶段,这种不同还只限于量的差别。但是,当气流速度超过声速以后,空气的压强、密度等发生了显著的变化,气流特性就出现了一些不同于低速情况的质的差别。例如,这时会产生使压强突然升高的激波;流管收缩不是使气流加速,反而使气流减速等现象。

4.1.1　空气的压缩性与飞行速度的关系

高速气流之所以与低速气流有如此质的差别,其根本原因是空气具有压缩性。空气的压缩性会引起一系列问题:弱扰动的传播、高速气流中压强和流速随流管截面积的变化、激波等。

前面我们讲过空气的压缩性,例如,用力压皮球,就可以把皮球压瘪;将皮球烤热,会使它膨胀。一定量的空气,其体积改变了,密度也自然发生了变化。

不论是低速或高速飞行，空气流过机翼各处的速度和压强发生了改变，都会引起空气密度的变化。那么，为什么在研究高速气流的特性时要特别提出空气的压缩性，也就是说要特别考虑空气密度的变化呢？这是因为，空气的密度在这种情况下变化的程度与低速时不一样。

空气密度变化的程度，可以用空气密度变化的百分比 $\Delta\rho/\rho$ 来表示，$\Delta\rho$ 是空气密度的变化量，ρ 是空气原来的密度。表 4－1 列出了在标准大气条件下、不同飞行速度时，机翼前缘驻点（在这一点，气流的速度等于零）空气密度增加的百分比。

表 4－1　空气密度随飞行速度变化的关系

飞行速度/(km·h^{-1})	200	400	600	800	1 000	1 200
空气密度增加的百分比 $\Delta\rho/\rho$/%	1.3	5.3	12.2	22.3	45.8	56.6

从表 4－1 中可以清楚地看出，在速度不超过 360～400 km/h 的低速飞行时，空气密度的变化程度是很微小的，其变化可以忽略不计。但是在高速飞行中，空气密度的变化很大，因此，必须考虑空气压缩性的影响。

4.1.2　扰动传播与声速

在流场中，任一点的流动参数与自由流（即远前方来流）中对应流动参数之差，称为扰动，如流场中某点的密度、压强、速度分别为 ρ、P、v，而远前方来流的密度、压强、速度分别为 ρ_∞、P_∞、v_∞，因此流场上该点的流动参数可表示为 $\rho=\rho_\infty+\Delta\rho$，$P=P_\infty+\Delta P$，$v=v_\infty+\Delta v$。式中 $\Delta\rho$、ΔP、Δv 分别称为该点对流场的扰动密度、扰动压强、扰动速度。当 $\Delta\rho$、ΔP、Δv 值很小时，即当 $\Delta\rho\to0$，$\Delta P\to0$，$\Delta v\to0$ 时，这种扰动称为弱扰动；反之，称为强扰动。如飞机在空中飞行时，它对周围的空气产生作用，使空气的密度、压强、速度等气流参数发生变化，也就是说飞机对空气产生了扰动。空气是可压缩的弹性介质，一处受到扰动，这个扰动便通过空气一层一层相互作用，向四面八方传播。这个过程和我们耳朵听到敲锣打鼓的声音是一样的。

锣鼓的振动传给空气，空气又一层一层相互作用，把它传给我们的耳膜，因此我们听到了锣鼓声。锣鼓的振动，对空气来说是一种扰动，因为这种振动引起空气压强变化很微弱，所以是一种弱扰动。我们知道，在空气中传播这种扰动，即声音，需要一定的时间，就是说，有一定的传播速度，这个速度就是声速。

理论上可以推知，声速的大小为

$$a=\sqrt{\frac{\mathrm{d}p}{\mathrm{d}\rho}} \tag{4-1}$$

该式表明，声速 a 取决于 $\mathrm{d}p/\mathrm{d}\rho$，即单位密度改变所需的压力改变。此压力越小，声速 a 越小，说明气体是容易压缩的，即压缩性较大；反之，声速 a 越大，气体不容易压缩，即压缩性较小。因此，声速 a 可以作为压缩性的指标。进一步可以推出，在绝热

过程中，空气中的声速为

$$a = 20\sqrt{T} \tag{4-2}$$

标准大气中的声速见表 1-1。

4.1.3 马赫数

流场中任一点处流速或飞行速度与当地声速之比，定义为马赫数 Ma，即

$$Ma = \frac{v}{a} \tag{4-3}$$

式中 v——流速或飞行速度；

a——当地声速。

$Ma<1$，称为亚声速；$Ma>1$，称为超声速；$Ma<0.3$，一般称为低速。把 Ma 在 1 附近的，称为跨声速；Ma 小于 1 但接近于 1 的（比如 Ma 在 0.7～0.9 范围内），称为高亚声速。

Ma 的大小不仅可以说明飞机周围扰动的传播情况，而且还可以作为空气密度变化程度或者压缩性大小的衡量标志。Ma 越大，则表示空气密度的变化以及压缩性的影响也越大；反之，Ma 越小，则密度变化和压缩性的影响也越小。

在低速飞行中，一架飞机的速度、高度可以不同，但是只要迎角相同，那么机翼压力分布和飞机的气动特性（如升力系数、阻力系数等）都是一样的。但在高速飞行中，除了迎角相同，还要 Ma 相同；否则，机翼表面各点扰动传播情况就不相同，空气密度变化的情况也不相同，因而机翼上面的压力分布以及空气动力特性也就会发生变化。可见 Ma 是研究高速飞行时的一个极重要的概念。

4.1.4 弱扰动波的传播

要了解激波的产生，可以从弱扰动波在气流中的传播谈起。

假设有一个扰动源 O（如铃铛）扰动了平静的空气，产生了声波，并以声速 c 向四面八方传播。根据扰动源的运动状态，它对空气的扰动可以有以下 4 种情况：

① 如图 4-1(a) 所示是扰动源静止，即 $v=0$ 的情况。假设弱扰动源 O 每隔 1 s 发出一次弱扰动波，图示为 4 s 后的一瞬间弱扰动波的 4 个波面位置，它们是 4 个同心的球面。最外面的球面半径为 $4c$，是 4 s 前发出的一个弱扰动波经过 4 s 后到达的位置。最里面的球面半径是 c，是 1 s 前发出的弱扰动波经过 1 s 后到达的位置。由于 $v=0$，因此每个弱扰动波都以扰动源 O 为球心向四周传播。球面波内的空气都已受到扰动，而球面波外的空气尚未受到扰动。但只要有足够的时间，弱扰动波是会波及到整个空间的。

② 如图 4-1(b) 所示是扰动源以亚声速（$v<c$）运动时对空气的扰动情况。这时，每一次从弱扰动源 O 发出的弱扰动波仍以声速 c 进行传播，但由于扰动波本身还跟随扰动源以速度 v 向左流动，所以，弱扰动速度要慢一些，但在运动的反方向上

的相对运动，其运动速度要快一些。此时弱扰动波的传播对扰动波源 O 来讲已不再是球对称的了，而是向扰动源运动的方向那边偏。但只要时间足够，弱扰动仍然会波及到整个空间。

③ 如图 4-1(c)所示是扰动源以声速（$v=c$）运动时对空气的扰动情况。因为 $v=c$，因此运动方向上弱扰动波的相对运动速度等于零，这样，每次从弱扰动源 O 发出的弱扰动波就不能波及全部空间。它的分界面是由弱扰动波面构成的公共切平面 AOA。切平面右侧的半个空间是弱扰动源的影响区，切平面左侧的半个空间是无扰区（或称禁讯区）。弱扰动源对切平面左侧的空间不能产生干扰。因此，扰动源以亚声速运动和以声速运动时对空气的干扰是有本质区别的。

④ 如图 4-1(d)所示是扰动源以超声速（$v>c$）运动时对空气的扰动情况。在第 4 s 末可以看到第 1 s 初发出的弱扰动波面的球面半径已扩展为 $4c$，而球心则随扰动源向左移动了 $4v$ 的距离，由于 $v>c$，因此，弱扰动源 O 必然在球面的左边界的左侧。同样，第 4 s 初发出的弱扰动波的球面半径是 $1c$，而该球心随扰动源向左移动的距离为 v，由于 $v>c$，弱扰动源 O 也必然会处在弱扰动波球面的左侧。因此经过 4 s 后，这些被扰动源扰动的球波面的公切面将是一个母线为直线 OA 的圆锥波面，这个圆锥面称为马赫锥面，简称马赫锥。随着扰动源运动速度的增大，马赫锥将减小，扰

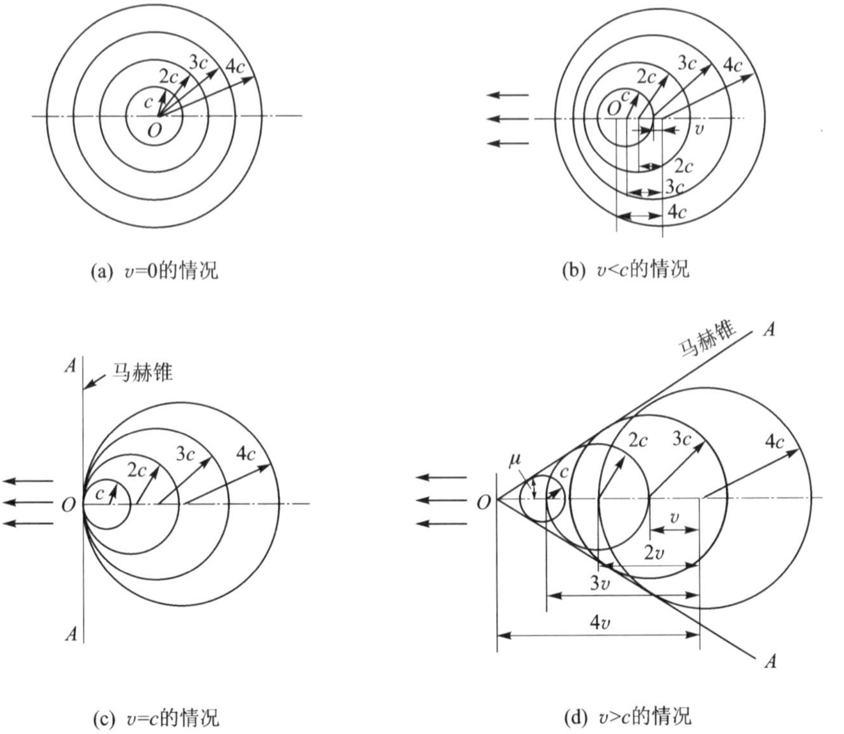

图 4-1　弱扰动波的传播

动影响区也将缩小。

在超声速扰动源运动过程中，扰动源 O 的影响区只在马赫锥面内；而在马赫锥面外，都是非干扰区的空间，此处的空气完全没有受到干扰。因此可以说马赫锥是把被干扰的空气和未被干扰的空气分开来的分界面。这个分界面，是由一系列互相邻近的弱扰动波组成的，因此叫弱扰动"边界波"。空气通过弱扰动边界波之后，压力、密度只发生非常微小的变化。

因此，弱扰动在亚声速和超声速运动时的传播情形是不同的。扰动源以亚声速运动时，整个空间逐渐都会成为被扰动区；而在超声速运动时，被扰动的范围只限于马赫锥内，马赫锥以外的气流不受扰动的影响。当运动速度比声速大得越多时，扰动波向前传播越困难，扰动范围也就越小。

通过上面的分析可以得出这样的结论：如果飞机的飞行速度小于声速，则它所引起的扰动可以传到飞机的前面去；如果飞行速度等于或大于声速，则扰动就不能传到飞机的前面去，而只能在飞机后面的一定范围内传播。飞行速度比声速大得越多，这个范围就越小。低速飞机，它还没有飞到，我们就早已听到了它的轰鸣声；而超声速飞机，以超声速飞行时，飞过我们头顶很远，才听到它的啸叫声，道理就在这里。

4.1.5　压力、密度、温度、速度随流管截面积变化的规律

在前面已经讲过气流流速与压力的关系，即流速增加，压力降低；流速减小，压力增高。这个结论无论在高速或低速情况下都是适用的。但在高速飞行时，随着气流流速的加快，空气的压缩与膨胀的变化越来越显著，流速改变时，不仅引起压力的变化，而且密度和温度也有明显变化，这对飞机上的空气动力必然有不同的影响。因此，要了解飞机上的空气动力在高速飞行中的变化规律，还须了解高速气流中空气的密度、温度与流速之间的关系。

流速加快，压力降低，必然引起体积膨胀，从而使密度减小；反之，在流速减慢、压力升高的同时，空气受压缩，体积缩小，因此，密度必然增大。

空气体积的膨胀，还会使温度降低。当打开冷气瓶开关，高压气体从喷口喷出来时，开关和导管的温度都显著下降，甚至使导管表面结霜。这并不是冷气瓶装着很"冷"的气体的缘故(冷气瓶装的就是常温的高压空气)，而是高压空气从喷口喷出时体积膨胀引起降温所致。同样，当空气受压缩时，温度会升高。比如，用打气筒打气，气筒壁会发烫。这并非皮碗与筒壁摩擦的结果，而主要是筒内空气被压缩，导致温度升高。

归纳起来，高速气流的规律就是：流速加快，则压力、密度、温度都一起降低；流速减慢，则压力、密度、温度都一起升高。

那么，在高速气流中，气流速度(Ma)与流管截面之间的关系究竟怎样呢？考虑空气的压缩性，从气流流动的最基本规律(连续方程和能量方程)出发，可以推导出下

面的公式：

$$\frac{\Delta A}{A}=(Ma^2-1)\frac{\Delta v}{v} \tag{4-4}$$

式中　$\Delta A/A$——流管截面积的变化程度；

ΔA——流管截面积的变化量；

A——流管原来的截面积；

$\Delta v/v$——流速的变化程度；

Δv——流速的变化量；

v——流管截面变化前空气原来的流速。

这个公式表明了气体流速与流管截面积之间的关系。现在分别讨论亚声速和超声速两种情况。

1. 亚声速气流，即 $Ma<1$ 的情况

此时在式(4-4)中 $Ma^2-1<0$，这说明 $\Delta A/A$ 与 $\Delta v/v$ 的符号是相反的。而 A 和 v 总是正的，所以 ΔA 与 Δv 的符号相反。也就是说，当 $\Delta A>0$ 时，$\Delta v<0$，即流管截面积扩大时，气流减速；反之，当 $\Delta A<0$ 时，$\Delta v>0$，即流管截面积缩小时，气流加速。可见，当气流以亚声速流动时，流速与流管截面积之间的关系是：流管缩小，流速增大；流管扩大，流速减小。低速流动时的连续性定理和伯努利定理即是这种情况在低速时的体现。

2. 超声速气流，即 $Ma>1$ 的情况

此时在式(4-4)中，$Ma^2-1>0$，所以 $\Delta A/A$ 与 $\Delta v/v$ 的符号相同。这说明，在超声速气流中，流速与流管截面积一同增大或减小，即流管扩大，流速也增大；流管缩小，流速也减小，这和低速情况正好相反。

亚声速气流和超声速气流，流速和流管截面积之间的关系为什么会有如此截然相反的结论呢？这是因为，气流具有连续性，它要符合连续方程"$\rho Av=$常数"这个客观规律。如果密度不变，那么流管截面积 A 与流速 v 成反比。对于低速气流，密度变化很微小，流管截面与流速的关系就很接近上述关系。但在高速气流中，考虑到空气的压缩性，流速一改变，密度同时也有明显的变化。比如，流速加快，使压力降低，从而引起密度减小。很明显，为了保持各个截面的流量相同，流速加快，要求流管截面积减小，而密度的减小又要求流管截面积增大。可见，流速与密度对流管截面的变化起着相反的作用。究竟流管截面增大还是减小，取决于 ρv 的增减。流速和密度的关系可用

$$\frac{d\rho}{\rho}=-Ma^2\frac{dv}{v} \tag{4-5}$$

来表示，在低速($Ma<0.3$)时，Ma 远小于 1，因流速变化引起的密度变化不大，ρv 基

本上只随速度改变，所以流管截面随速度的增大而减小。在超声速气流中，空气的压缩性变得如此显著（表现为 $Ma^2>1$），以致速度的变化所引起的密度变化量超过了速度的变化量，使密度的变化成为矛盾的主要方面。因此，ρv 的变化主要取决于密度的变化，导致 ρv 随速度增大而减小。此时流管截面随速度的增大而增大。

总结以上讨论，高速气流中压力、密度、温度、密度随流管截面积变化的规律可归纳为表 4-2。

表 4-2　p、ρ、T、v 与 A 相互变化关系

流管形状	低速气流（不可压缩）	亚声速气流（$Ma<1$）	超声速气流（$Ma>1$）
收缩的流管	速度增大：压力减小、密度不变、温度不变	速度增大：压力减小、密度减小、温度降低	速度减小：压力增大、密度增大、温度升高
扩张的流管	速度减小：压力增大、密度不变、温度不变	速度减小：压力增大、密度增大、温度升高	速度增大：压力减小、密度减小、温度降低

4.2 激　波

4.2.1 激波的形成

前面谈到，在超声速飞行时，扰动不能传到飞机的前面去。因此，向飞机头部和机翼前缘迎面而来的空气，就不像在亚声速飞行那样，在飞机来到之前，早已逐渐地感受到飞机的扰动，而是事先丝毫没有受到飞机扰动的影响。飞机突然来到跟前，空气就来不及让开，因而突然地遭到强烈的压缩，其压力、密度和温度都突然升高，相对于飞机的流速则突然降低，这个压力、密度、温度和流速从无变化到突然发生变化的分界面就叫作激波。

可见，飞机在飞行中扰动周围空气，使得空气的压力、密度、温度等参数发生变化，并向外传播该扰动。而在扰动的传播过程中，会呈现扰动的空气与未被扰动的空气之间有一个分界面，把这个分界面叫作激波。激波实际上是受到强烈压缩的一层空气，其厚度很小。

波面前后空气的物理特性发生了突变，如图 4-2 所示，由于空气受到强烈压缩，波面之后的空气压力、密度和温度都突然升高，由高速气流的流动特点可知，气流速度会大大降低（减速、增压）。

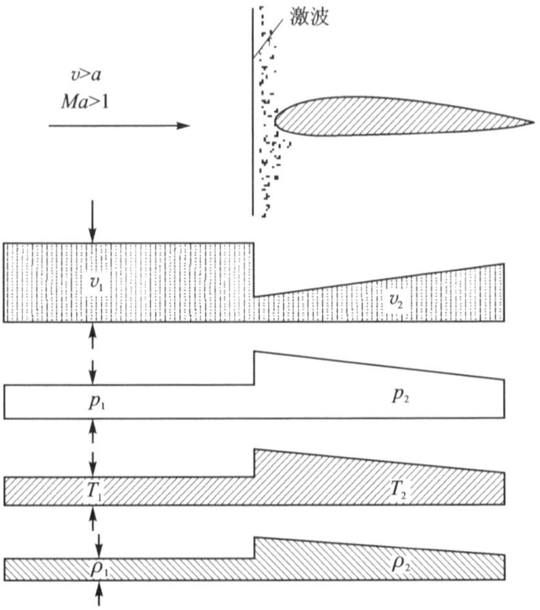

图 4－2　激波前后气流物理参数的变化

4.2.2　激波的类型

飞机在空中以超声速飞行时，相当于气流以超声速流过飞机，因此在机身和机翼前部气流受到阻滞，即不断受到压缩而形成激波。随着飞机外形与飞行马赫数的不同，激波形状也是不同的，如图 4－3 所示。

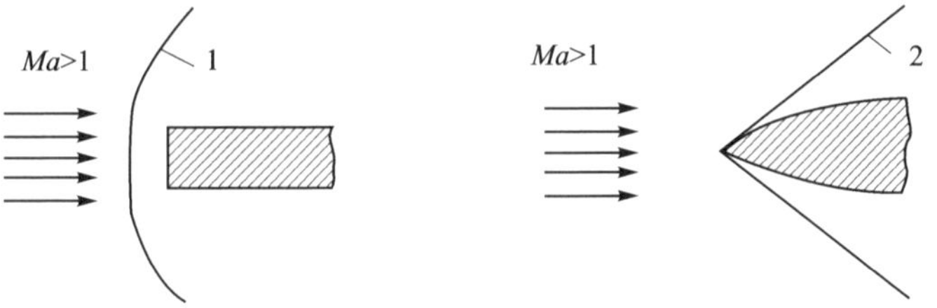

1—正激波；2—斜激波

(a) 脱体激波　　(b) 附体激波

图 4－3　脱体激波与附体激波

图 4－3(a)中的激波称为脱体激波，图 4－3(b)中的激波称为附体激波。

激波面与运动方向垂直的部分称为正激波，如图 4－3(a)所示；与运动方向不垂直的部分称为斜激波，如图 4－3(b)所示。

激波可以是平面的，也可以是曲面或锥形的。

1. 正激波

为了研究方便，根据运动相对原理，把激波以速度 v_1 在静止气流中推进的问题，转变成激波位置不变，波前气流以速度 v_1 流向激波的问题。此时流动方向与波面垂直，称为正激波。气流通过正激波，压力、密度、温度都突然升高，流速由超声速降为亚声速，气流方向不变。

2. 斜激波

波面与气流方向不垂直的倾斜激波称为斜激波。空气流过斜激波，压力、密度、温度也都突然升高，但在同一超声速来流 Ma 下，它们的变化不像通过正激波那样强烈。波后的流速可能降为亚声速，也可能仍为超声速。斜激波向后倾斜的程度，通常用斜激波与气流方向之间的夹角 β 来表示，β 称为激波角，如图 4-4 所示。

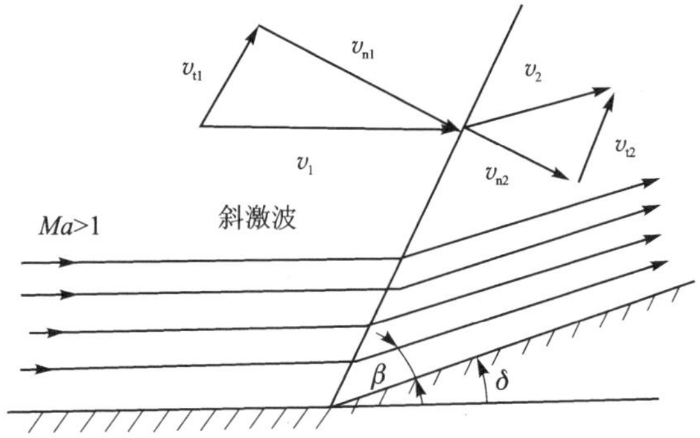

图 4-4 斜激波

图 4-4 中 δ 角为气流转折角。显然，物体表面的转折角 δ 越大，对气流的阻滞作用越强。于是，斜激波的激波角 β 也就越大，空气通过激波后的压力、温度、密度变化也就越多。表面转折角大到一定程度，转折处会产生正激波。

通过理论计算，可得斜激波 β 角与气流转折角 δ 之间的关系以及斜激波波前、波后参数的关系。图 4-5 表示了在不同 Ma 下，激波角 β 与气流转折角 δ（即物面转折角）之间的关系。如已知来流 Ma 及气流转折角 δ 即可通过这个曲线查出激波角 β。有了激波角 β 的数值后，还可通过其他曲线，查出激波后的气流参数。

从图 4-5 看出，在同一 Ma 下，转折角 δ 越大，激波角 β 也越大。对应于每一个 Ma，有一个最大的转折角 δ_{max}。当转折角超过这个最大值（$\delta>\delta_{max}$）后，物体产生的扰动很强，扰动传播速度大于流速，使斜激波离体，所以在曲线上找不到对应的激波角。如前缘曲率半径较大的机翼，对气流阻滞作用强，在其前缘产生脱体激波，如图 4-3(a)所示。从曲线中还可以看出，在同一 δ 角下，Ma 越大，激波角 β 越小。这种情况类似 Ma 增大，马赫角 μ 减小的情况。

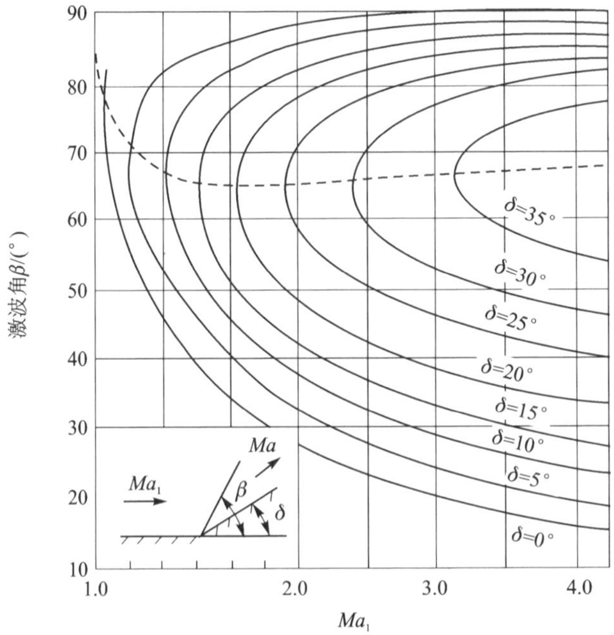

图 4-5　激波角 β 随波前气流马赫数 Ma_1 和气流转折角 δ 的变化

4.2.3　波　阻

由激波阻滞气流而产生的阻力叫作激波阻力，简称波阻。因为激波是一种强压缩波，因此当气流通过激波时产生的波阻也特别大。

在任何情况下，气流通过正激波时产生的波阻都要比通过斜激波时产生的波阻大。这是因为当产生正激波时，空气被压缩得最厉害，激波后的空气压强和密度上升得最高，激波强度也最大。当超声速气流通过它时，空气微团受到的阻滞最强烈，速度迅速降低，能量消耗很大，因此产生的波阻也很大。

另外，不同形状的物体在超声速条件下由于产生的激波不同，产生的波阻也不一样。物体的形状对气流的阻滞作用越强，产生的激波越强，波阻就越大。

钝头形状或前缘曲率半径较大的翼剖面，在其钝头前端，常产生脱体激波(即在距前端一定距离处产生强烈的正激波)，脱体激波对气流的阻滞作用很强，因此会产生很大的波阻，如图 4-3(a)所示。

而尖头形状的物体或翼剖面，在其尖头前端，常产生附体斜激波，此激波对气流的阻滞作用比较弱，如图 4-3(b)所示。物体前缘越尖，气流受阻滞越小，激波越倾斜，产生的波阻越小。因此某些超声速飞机的机身、机翼等部分的前缘设计成尖锐的形状，就是为了降低激波强度，进而减小激波阻力。

波阻与翼型的相对厚度有密切的关系，波阻大致与相对厚度的平方成正比。因此，现代超声速飞机的翼型，大都采用相对厚度小的对称翼型或接近对称的翼型，其最大厚度位置靠近翼弦中间，且翼型前缘曲率半径较小，翼剖面外形轮廓变化比较平缓，以此来减小激波阻力。

4.3 高速气流中作用在翼型上的空气动力

4.3.1 翼型上局部激波的形成和发展

1. 流过翼型气流速度范围的划分与临界马赫数

当气流绕过翼型时，由于上翼面凸起而流管收缩，局部流速加快而大于远前方的来流速度(v_∞)，局部流速的加快必然引起局部温度降低，因而声速 a($a=20\sqrt{T}$)下降。当 v_∞ 增大时，翼型上各点的 v 也在改变。当翼型上最大速度 v_{max} 点增大到等于当地声速 a 时，远前方来流速度 v_∞ 就叫作此翼型的临界速度(或称下临界速度)，以 $v_{临}$($v_{下临}$)表示。此时远前方的 $Ma_\infty=v_\infty/a_\infty$ 叫作临界马赫数(或称下临界马赫数)(a_∞ 为远前方气流的声速)，以 $Ma_{临}$($Ma_{下临}$)表示。

当 $v_\infty<v_{下临}$时，整个翼型上每点的流速都小于相应点的声速，因而整个翼型处于亚声速流动状态。

当 v_∞ 继续增大，翼型上的 v_{min} 点的流速等于该点的当地声速时，则整个翼型上每点的速度均大于各对应点的当地声速，此时翼型处于超声速流动状态。对应于 $v_{min}=a$ 的 v_∞ 叫作上临界速度，以 $v_{上临}$ 表示，此时远前方的 $Ma_\infty=v_\infty/a_\infty$ 叫作上临界马赫数，以 $Ma_{上临}$ 表示。

当 Ma_∞ 大于 $Ma_{临}$ 而小于 $Ma_{上临}$ 时，翼型上有部分超声速流动区、部分亚声速流动区，此时翼型是处于跨声速流动状态。

显然，翼型 $v_{临}$ 和 $v_{上临}$ 的大小与翼型的相对厚度 $\bar{c}$、翼型的相对弯度 $\bar{f}$ 及迎角 α 有关。

2. 局部激波的形成

Ma 超过 $Ma_{临}$ 以后，在翼型上表面等声速点后面，由于翼型表面的连续外凸，流管扩张，空气膨胀加速，出现局部超声速区，在超声速区内，压力不断降低，比来流 p_∞ 小得多，但翼型后面的压力却接近于 p_∞。这种压力差必然从翼型表面的后部以压力波形式逆气流向前传播。当压力波往前传到某一位置(见图 4-6 中的 S 面)时，压力增量虽未减小到趋近于零，压力波传播速度却已降低到与该处的局部超声速气流速度相等，于是压力波就稳定在这一个位置上。在 S 面处，压力增量有一定数值，前后气流参数具有一定数值的突然变化，所以，S 面成为局部超声速气流参数突然变化的分界面，形成局部激波。

3. 局部激波的发展

设翼型以正迎角在空气中运动，它的上表面的局部流速比下表面快些，所以首先

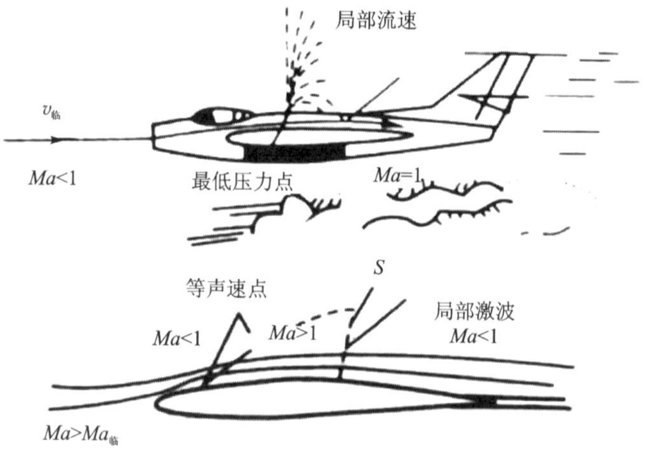

图 4-6　局部激波

达到和超过局部声速，从而出现局部超声速区和局部激波。随着 Ma 的不断增大，翼型下表面的局部流速也会超过局部声速而出现局部超声速区和局部激波。当 Ma_{∞} 超过 1 以后，翼型的前缘还会出现头部激波，此时翼型上、下表面的局部激波将移到后缘，形成尾部激波。

为了便于了解机翼局部激波发展的一般规律，取一个接近对称的薄翼型，保持 2°的迎角进行实验，观察在 Ma_{∞} 由小变大的过程中，翼型局部激波的发展趋势(图 4-7 所示是根据实验结果给出的图形)。

① 当 $Ma_{\infty}<Ma_{临}$ 时，翼型上下表面的气流全为亚声速，而到 $Ma_{\infty}=Ma_{临}$ 时，翼型上表面最低压力点的流速等于当地声速，如图 4-7(a)所示。

② 当 $Ma_{\infty}>Ma_{临}$ 以后，在翼型上表面等声速点的后面，流管变粗，空气膨胀加速，因而出现局部超声速区。在此超声速区内，压力不断降低，但翼型后面的压力接近 p_{∞}。此时，超声速气流要提高压力，必然出现压力突增的分界面，这就是局部激波，气流通过激波变为亚声速气流，如图 4-7(b)所示。

③ 当 $Ma_{\infty}=0.85$ 时，等声速点前移，同时激波后移，于是局部超声速区扩大。与此同时，下表面最低压力点的局部流速也接近声速，如图 4-7(c)所示。

④ 在 $Ma_{\infty}>0.85$ 以后，下翼面也出现了局部超声速区和局部激波。当 $Ma_{\infty}=0.85\sim0.89$ 时，上下翼面激波强度增大，位置后移，局部超声速区扩大得更快一些。当 $Ma_{\infty}=0.87$ 时，下表面的局部激波已移到后缘，而上表面的局部激波仍继续后移，局部超声速区继续扩大。当 Ma 接近于 1 时，上翼面局部激波也移至后缘。这时上下翼面几乎全部为超声速气流，如图 4-7(d)、(e)所示。

⑤ 当 $Ma_{\infty}=1.40$ 时，翼型上下表面的局部激波均处于后缘，超声速气流内的速度更大，局部激波后倾，前缘出现了脱体激波，如图 4-7(f)所示。

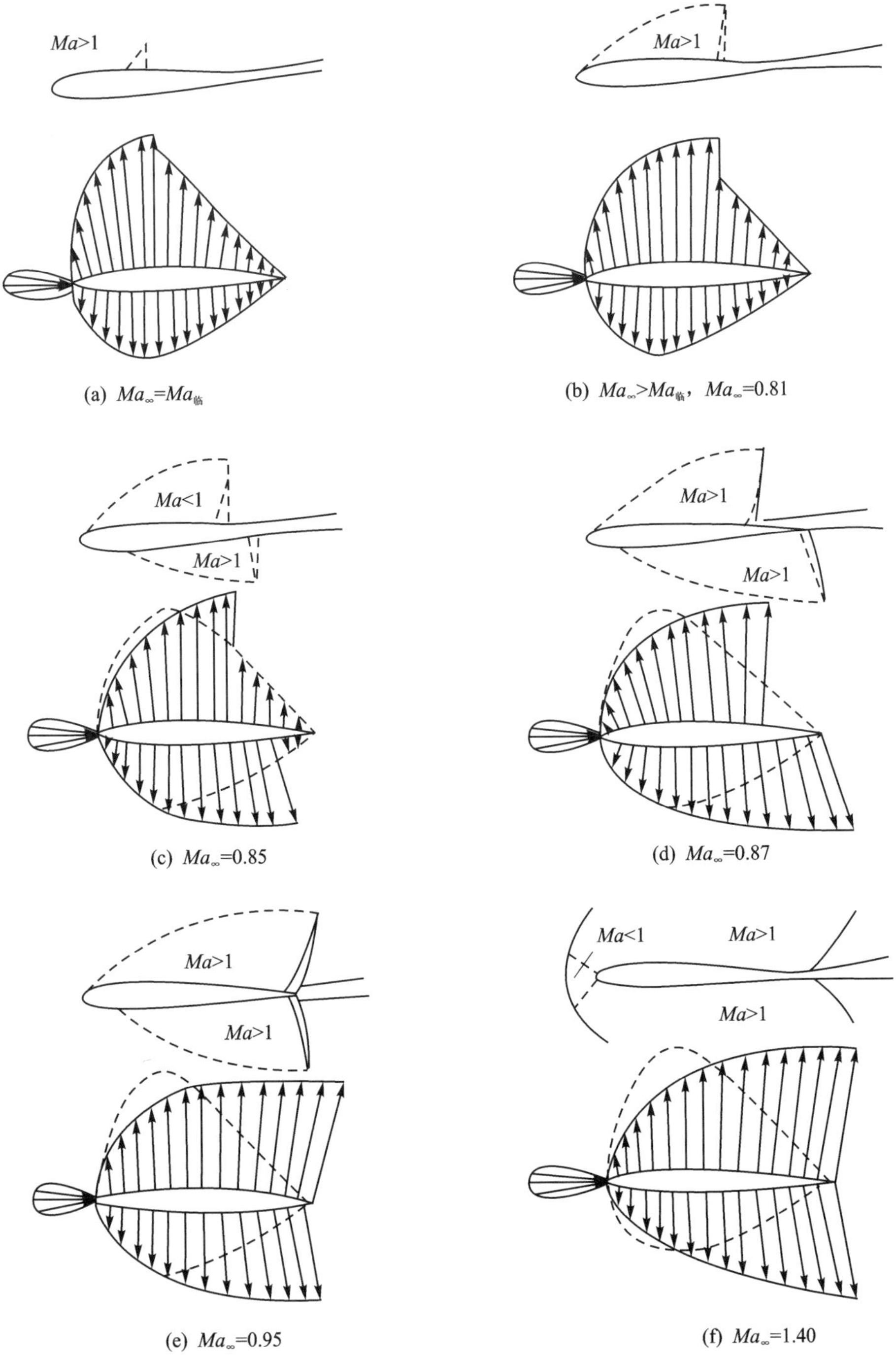

图 4－7　用向量法表示压力分布的局部激波的发展

4.3.2　高速气流中翼型的空气动力

1. 升力系数特性

以前述实验结果为例，来说明升力系数随 Ma_∞ 变化的一般趋势，如图 4－8 所示。图中曲线表明，在 Ma 逐渐增大的过程中，在亚声速阶段，升力系数先是基本不变，随后有些提高；在跨声速阶段，升力系数变化剧烈，有时升高，有时降低；在超声速阶段，升力系数则不断下降。

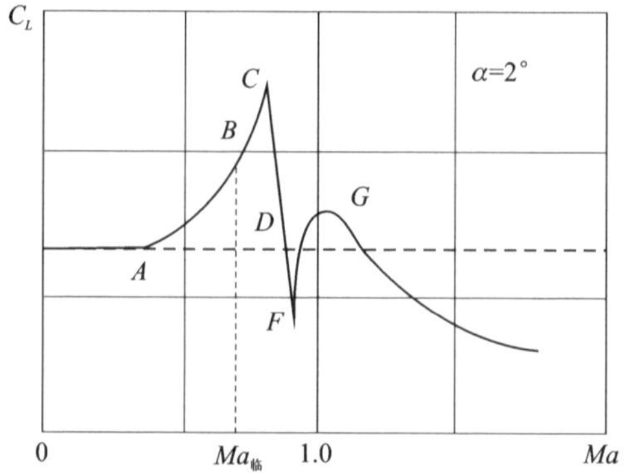

图 4－8　C_L－Ma 图

其原因分述如下：

（1）亚声速阶段

当 $Ma<0.3$ 时，流过翼型表面的气流属于不可压缩性气流。只要迎角保持不变，其流线谱不随 Ma 而改变，作用在翼型上、下表面的压力系数不随飞行速度而变化，所以升力系数保持不变。随着 Ma 逐渐增大，以至接近 $Ma_临$ 时，空气压缩性的影响越来越显著。在高速负压区流管 a 应当变细（与远前方比较）时，因空气密度减小、体积膨胀，所以就不及不可压流管 a' 变得那么细；反之，在低速高压段流管 b 应当变粗时，又因空气密度增大，所以不及不可压流管 b' 那么粗。如图 4－9 所示，可压缩流的流线弯曲程度比不可压缩时大，从产生扰动影响这个观点来看，这好比是在不可压缩流动中出现了一个厚度（当 $C_L=0$ 时）或弯度（当 $C_L>0$ 时）较大的翼型。由理论计算可知：

$$C_{L可}=\frac{C_{L不可}}{\sqrt{1-Ma_\infty^2}} \tag{4-6}$$

因此，这就是在考虑了空气的压缩性后，速度又在 $Ma_临$ 之前的升力系数不断上升的原因，见图 4－8 的 AB 段。

（2）跨声速阶段

在跨声速阶段，随着 Ma 增大，升力系数先增大，随后减小，接着又增大。其所以如此变化，根本原因在于机翼上、下表面出现了局部超声速区和局部激波。另外，机

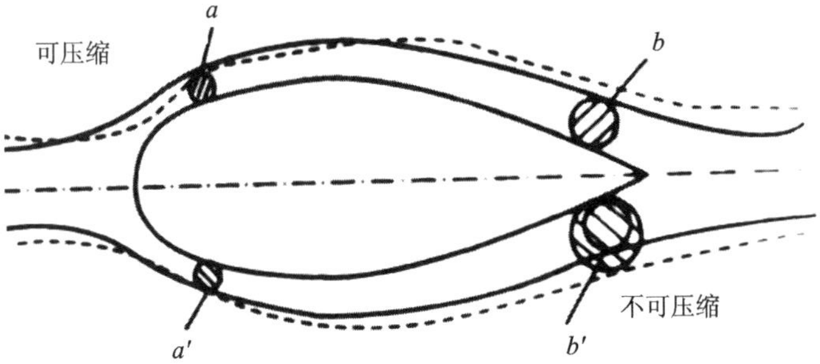

图 4-9　高亚声速流动时压缩性的影响

翼上、下表面局部超声速气流出现的先后和扩张的快慢不一样，所以上、下表面压力降低参差不齐，这就造成了跨声速阶段升力系数的剧烈变化。

① 在 $Ma_{\infty}>Ma_{临}$ 以后，由于上翼面出现了超声速区，致使吸力增大，虽然局部超声速区激波后的压力提高一些，但由于波前吸力的增加大于波后吸力的损失，所以 C_L 随 Ma 的增大而增大，直到 C 点，即图 4-8 中的 BC 段。

② 在 $Ma_{\infty}>Ma_C$ 以后，上翼面的局部激波强度变强，波后吸力损失加大。与此同时，下翼面也出现超声速区，并扩张得比上翼面迅速，产生向下的附加吸力。这样机翼上、下表面的压力差减小，导致升力系数下降，即图 4-8 中的 CF 段。

③ 当 $Ma_{\infty}>Ma_F$ 以后，下翼面局部激波移至后缘，而上翼面局部激波则继续缓慢后移，超声速区继续扩大，因而上翼面吸力继续加大，于是上、下翼面的压力差不断提高，升力系数重新增大，如图 4-8 中的 FG 段。

另外，在跨声速飞行阶段的压力中心忽前忽后的变化，使飞机的平衡、稳定和操纵很容易出问题，稍微不慎，就会失事。

(3) 超声速阶段

所谓超声速阶段，是指 $Ma>Ma_{临}$ 以后的 Ma 范围，整个翼型附近全部为超声速气流。在这一速度下采用的翼型大部分为对称薄翼型，而且使用迎角很小，所以在计算时可以把它看作是一个平板，然后再对它进行厚度修正。为了说明超声速翼型的空气动力，下面以平板为例进行讨论。

1) 超声速气流流过平板时的流线谱与压力分布

如图 4-10(a)所示，当超声速气流以迎角 α 流过薄平板时，气流在前缘分为上、下两支。在上表面，气流向外转折，气流膨胀加速，经膨胀后，则以不变的速度沿平板表面流去；在下表面，气流向内转折，产生斜激波，气流通过斜激波后，则保持较小的速度，沿平板表面流去。在平板后缘，情况正好相反，上表面产生斜激波使气流减速，下表面则使气流膨胀增速。之后，上、下表面气流汇合并沿原来的方向流去。

上表面的流速大于未受扰动的气流速度，故其压力减小；而下表面的流速小于未受扰动的气流速度，故其压力增大。由于在平板上各点的流速值均保持不变，故表面

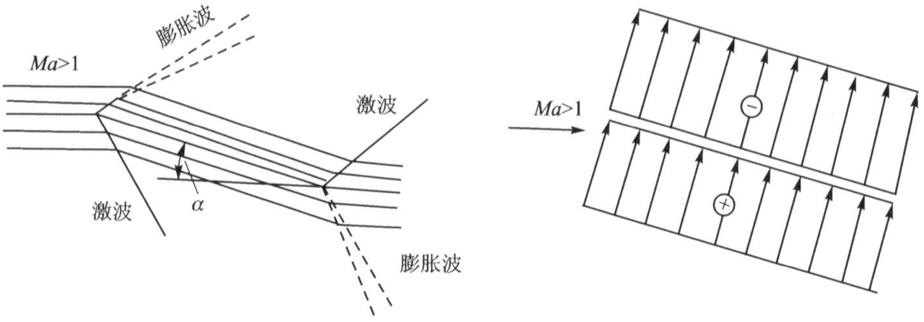

(a) 流线谱　　(b) 压力分布

图 4-10　超声速流线谱及压力分布

上的压力值沿平板也不变化，如图 4-10(b)所示。由此可见，平板上的总气动力 R 作用于平板弦线的中点上，其方向基本上与平板垂直(见图 4-11)。平板的压力中心在弦线的中央，即

$$\left.\begin{array}{l} x_{压}=0.5b \\ \bar{x}_{压}=0.5 \end{array}\right\} \tag{4-7}$$

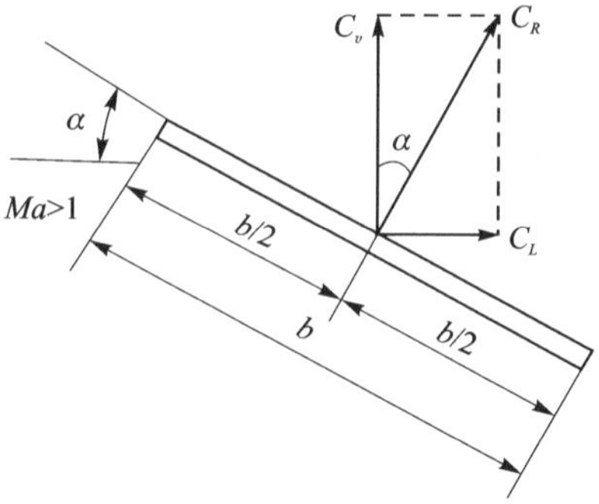

图 4-11　气流流过平面上的空气动力

2）平板上空气动力的简单计算

高速飞行时，α 很小，可以把超声速气流流过平板的情况当作小角转折来处理，即上表面的气流是小角向外转折，而下表面的气流是小角向内转折。理论上可推得

$$C_L=\frac{4\alpha}{\sqrt{Ma_{\infty}^{2}-1}} \tag{4-8}$$

根据这个关系式，在 $Ma>Ma_{临}$ 后，随着 Ma 的增大，C_L 值下降(见图 4-8)。

2. 阻力系数特性

Ma 超过 $Ma_{临}$ 以后，机翼的阻力急剧增大。这是因为在机翼上、下表面出现了局部超声速区和局部激波，而在飞行速度超过声速以后，机翼前缘又产生了头部激波。机翼这种由于出现激波而额外产生的阻力叫作波阻，与波阻对应的阻力系数叫

作波阻系数。

（1）波　阻

现通过气流以超过 $Ma_{临}$ 的速度流过一个迎角为零的对称翼型的情况来说明波阻的产生。此时翼型上的压力分布如图 4－12 所示，上翼面上表示了翼型附近局部超声速区以及激波，下翼面上表示了压力分布。在前驻点处压力最大，然后随着流速增大，压力降低。在 A 处速度达到声速值，激波在 B 处出现，该处压力突增，速度突降至亚声速。压力分布如图中 $DKBGH$ 折线所示。如果是理想情况，则没有激波，即没有动能损失，进行连续减速，压力分布如图中 $DKG'H'$ 曲线所示。从图可见激波出现，翼型后半部的压力比无激波时低，因而产生了附加的压差阻力。

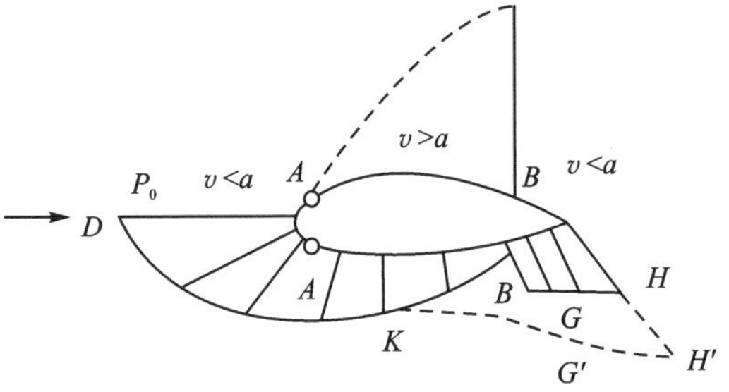

图 4－12　激波对翼型压力差的影响

上面说的是波阻的一部分，如果局部激波与附面层之间的干扰引起了附面层分离，又会使气流的能量受到损失，它也使得机翼前后压力差增大形成附加阻力。通常所谓波阻是指激波本身和激波分离而引起的压差阻力之和。

超声速气流流过机翼表面时，附面层气流按其速度大小可分为两层：最贴近机翼表面的亚声速底层和稍靠外的超声速外层。在这两层的分界线上，空气以声速流动（见图 4－13）。因为在亚声速气流中不会有激波存在，所以局部激波只能达到附面层的超声速外层。当激波前后压力差很大时，激波后的压力增高使得附面层底层的气流倒流，形成在激波处的气流分离。这就是激波与附面层之间干扰而引起的附面层分离。顺便指出，这种分离现象不仅使得阻力系数 C_D 急剧增大，而且还使得升力系数 C_L 减小。这种现象称为激波失速。

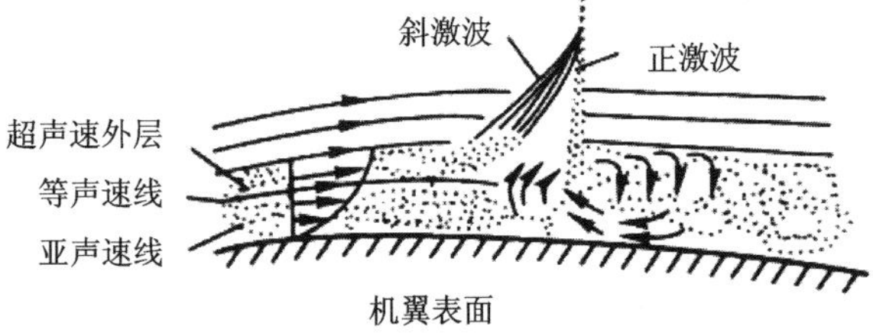

图 4－13　附面层-激波的相互干扰(层流附面层)

可见在 $Ma > Ma_{临}$ 以后，机翼的阻力除了型阻（摩擦阻力与压差阻力的统称）以外，还要加上波阻，即

$$D = D_{型} + D_{波} \tag{4-9}$$

对应的阻力系数为

$$C_D = C_{D型} + C_{D波} \tag{4-10}$$

$$C_{D波} = \frac{D_{波}}{\frac{1}{2}\rho v_{\infty}^{2} S}$$

式中　$D_{波}$——波阻；

$C_{D波}$——波阻系数。

（2）阻力系数随 Ma 的变化

根据上述讨论，若将机翼固定在迎角 $\alpha = 2°$ 下，随着 Ma 的增大，它的阻力系数 C_D 的大致变化趋势如图 4－14 所示。

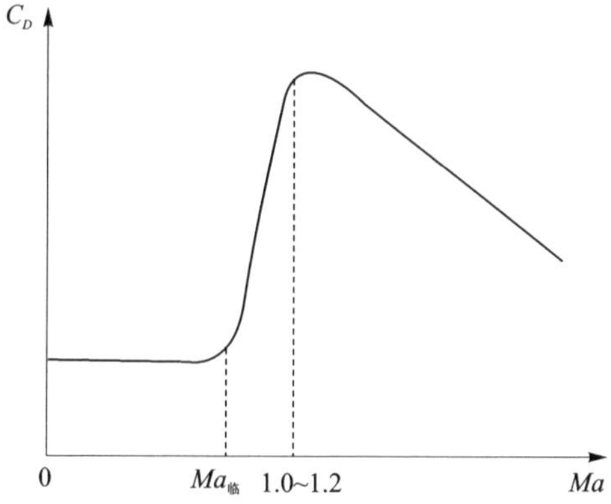

图 4－14　阻力系数随马赫数的变化

现分阶段说明如下：

① 亚声速阶段。阻力系数基本上不随 Ma 而变化，在快接近 $Ma_{临}$ 时才稍有增大。其原因是空气压缩性的影响，会引起翼型压力分布的改变，使后缘反压梯度增大，引起附面层增厚，导致型阻中的黏性压差阻力有一定增大。在计算中常引入系数 η_M 对不可压缩情况下的型阻系数进行修正，即

$$C_{D型} = \eta_M C_{D型不} \tag{4-11}$$

修正系数 η_M 与相对厚度 $\bar{c}$、Ma 等有关，可由专用曲线查得。

② 跨声速阶段。超过 $Ma_{临}$ 以后，机翼上出现局部超声速区以及局部激波。由于波阻的出现，阻力系数随着 Ma 的增大而增大，Ma 增至 1 附近，阻力系数达到最大。

③ 超声速阶段。Ma 再增大，阻力系数开始随着 Ma 的逐步增大而减小。理论研究证明，超声速阶段翼型的波阻系数随 Ma 变化的关系可以用下式进行计算：

$$C_{D波}=\frac{4}{\sqrt{Ma_{\infty}^{2}-1}}\alpha^{2}+\frac{k}{\sqrt{Ma_{\infty}^{2}-1}}\bar{c}^{2}+\frac{4k}{\sqrt{Ma_{\infty}^{2}-1}}\bar{f}^{2} \qquad (4-12)$$

式中，第一项与迎角有关(即与升力有关)，称为升力波阻；第二项和第三项分别与厚度和弯度有关，即使在升力等于零时，这部分阻力依然存在，称为零升波阻。零升波阻系数为

$$C_{D0波}=\frac{1}{\sqrt{Ma_{\infty}^{2}-1}}(k\bar{c}^{2}+4k\bar{f}^{2}) \qquad (4-13)$$

式中，$\bar{c}$、$\bar{f}$ 为翼型的相对厚度和相对弯度；k 是与翼型形状有关的系数，如菱形 $k=4$，双弧形 $k=5.33$，可查表得知。将式(4-13)及式(4-8)代入式(4-12)可得

$$C_{D波}=C_{D0波}+\frac{\sqrt{Ma_{\infty}^{2}-1}}{4}C_{L}^{2} \qquad (4-14)$$

由式(3-12)可知，$Ma>1$ 以后，随着 Ma 的增大，波阻系数减小。

4.4 高速飞机机翼的外形特点

无论是跨声速飞机还是超声速飞机，在其外形上与低速飞机相比，均有许多不同的特点。为了进一步提高飞机的飞行速度，除了继续提高喷气发动机的推力和减轻结构重量外，还必须改善飞机的空气动力外形。超声速飞机的空气动力外形应着重解决减小波阻和提高飞行速度之间的矛盾，为此应尽量提高 $Ma_{临}$，推迟局部激波的产生。

4.4.1 超声速飞机的翼型特点

现代超声速飞机的翼型，大都采用相对厚度小的对称翼型或接近对称的翼型，其最大厚度位置靠近翼弦中间，且翼型前缘曲率半径较小，翼剖面外形轮廓变化比较平缓。这种翼型有利于提高 $Ma_{临}$，延缓局部激波的产生；即使在超过 $Ma_{临}$ 之后，翼剖面在较大的超声速情况下，机翼前缘所形成的也是斜激波，利于减小波阻，使阻力系数的增长较为平缓。

翼型的相对厚度与波阻有密切的关系。波阻大致与相对厚度的平方成正比，厚度增加 2 倍，则波阻增加 4 倍。现代超声速飞机翼型的相对厚度都比较小，其值为 5%～9%，并有继续减小的趋势。

实验研究表明，在超声速飞行中，波阻较小的翼型有：双弧形、菱形、楔形和双菱形，如图 4-15 所示。

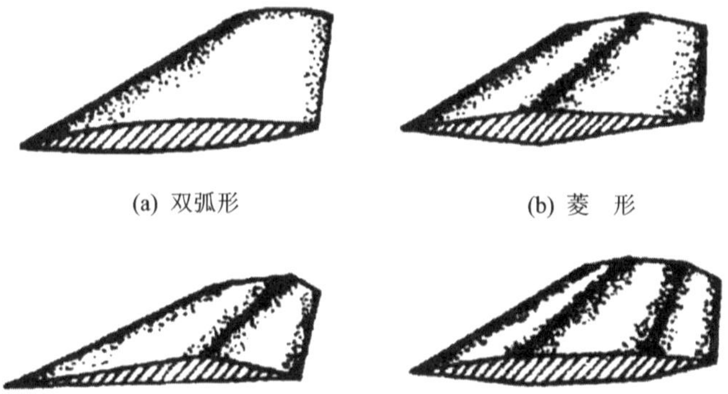

(a) 双弧形　(b) 菱　形　(c) 楔　形　(d) 双菱形

图 4－15　几种超声速翼型

4.4.2　超声速飞机的机翼平面形状和布局形式

为了减小超声速飞行时产生的激波阻力，现代飞机常采用的机翼形式有：后掠机翼、三角形机翼、小展弦比机翼、变后掠机翼、边条机翼，常采用的布局形式除正常式布局外，还有“鸭”式布局和无平尾式布局。

1. 后掠机翼

后掠机翼在跨声速飞行时能提高 Ma，超过 $Ma_{临}$ 以后，也能进一步减小波阻。

后掠机翼与平直机翼（见图 4－16(a)）相比，之所以能提高 $Ma_{临}$，主要是由于降低了机翼上的有效速度。如图 4－16(b)所示，当气流以速度 v 流过后掠翼时，由于后掠角的影响，只有垂直机翼前缘的气流速度分量 v_n 是产生升力的有效速度，另一个沿着机翼方向的分量 v_t 只能产生摩擦阻力，对产生升力不起作用。因此作用到后掠翼上的实际有效速度 v_n 比飞行速度 v 减小了。如果对平直机翼来说，速度 v 已经达到临界速度，在它的上面有可能产生局部激波和波阻的话，那么对后掠机翼来说，还必须把速度 v 再提高一些，才能达到临界速度，并在机翼上产生局部激波和波

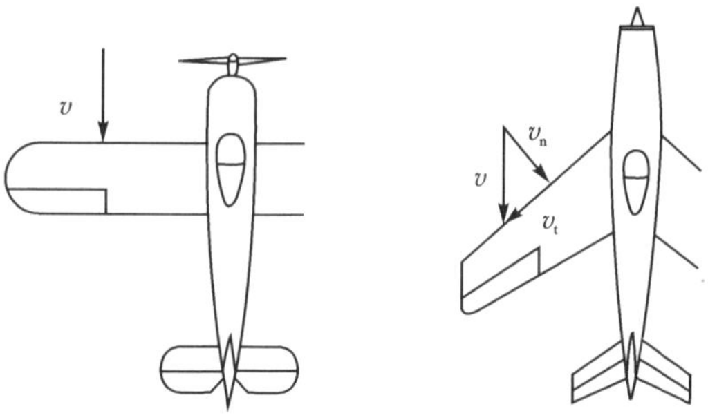

(a) 平直机翼　(b) 后掠机翼

图 4－16　流过平直翼和后掠翼的气流速度

阻。因此后掠翼可以提高飞机的 $Ma_{临}$，推迟局部激波的产生。现代超声速飞机的机翼后掠角一般在 30°～60°之间。机翼的后掠角越大，相同飞行速度下作用在机翼上的有效速度就越小，$Ma_{临}$ 也就越大。如表 4-3 所列为增大机翼后掠角与提高 $Ma_{临}$ 之间的关系。

表 4-3　机翼后掠角与 $Ma_{临}$ 之间的关系

后掠角/(°)	15	30	45	60
$Ma_{临}$ 增加百分比/%	2	8	20	41

当飞行速度超过 $Ma_{临}$ 以后，后掠机翼上产生的阻力随着 Ma 的增大变化也比较平缓。这是因为后掠机翼的空气动力主要是由有效速度 v_n 的大小决定的。有效速度所引起的阻力 D_n 的方向应和 v_n 的方向一致，如图 4-17 所示，即垂直于机翼前缘方向，而飞行时阻碍飞机前进的阻力方向应与飞行速度方向平行。因此有效速度 v_n 所引起的阻力 D_n 分解到平行于飞行速度方向的分力 D，才是后掠翼的主要阻力。可见，在相同的飞行速度下，后掠翼的阻力要比平直翼的阻力小。后掠角对阻力系数的影响如图 4-18 所示。

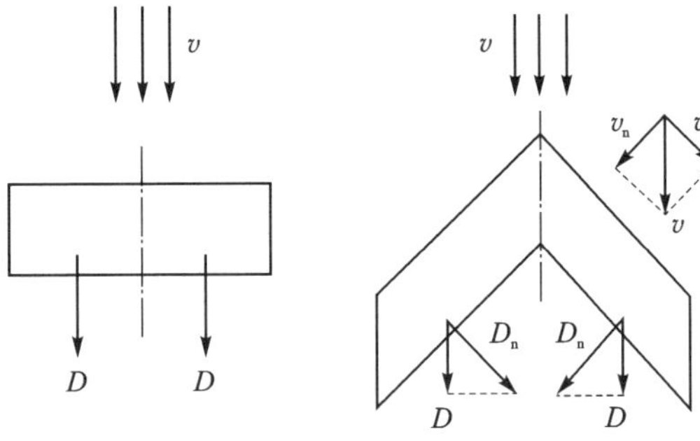

图 4-17　平直翼和后掠翼的阻力

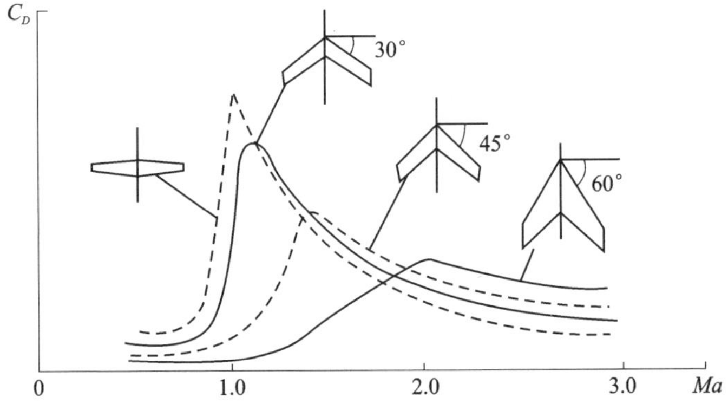

图 4-18　后掠角和阻力系数 C_D 之间的关系

当速度为 v 的气流吹过后掠翼时，有一部分气流将沿着机翼方向流动，使得附面层从翼根到翼尖逐渐变厚，在翼尖处造成气流分离，当迎角增大到一定程度时，会产生翼尖失速。翼尖失速以后，又不断从翼尖向机翼中部和根部扩展，造成大面积失速。这个过程发展很快，以至于驾驶员得不到警告，飞行就面临困境；同时，还会使飞机突然抬头，变得不稳定。为防止这种现象的产生，常常采取在机翼上表面加装翼刀和在机翼前缘制作锯齿或缺口的方法使气流形成旋涡或气动翼刀，如图 4－19 所示，来阻止气流沿机翼方向的流动。

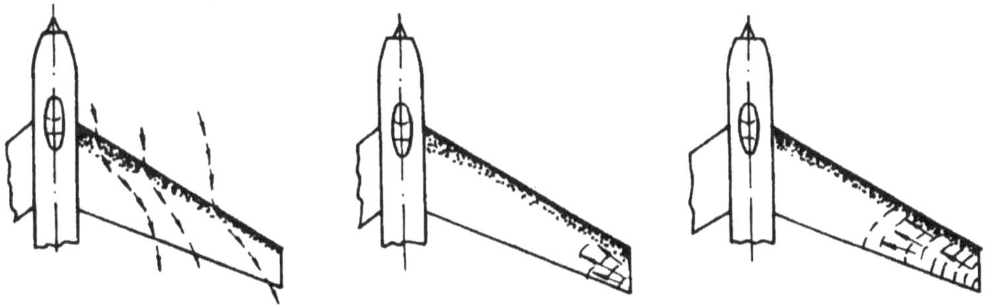

(a) 机翼上气流的流动　(b) 翼尖失速　(c) 失速向机翼中部扩展

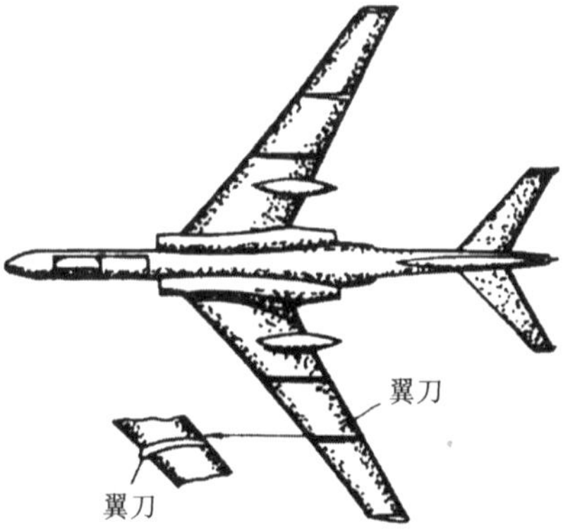

(d) 机翼上的翼刀

图 4－19　后掠机翼上的翼刀

2. 三角形机翼

根据前面的分析，当 $Ma=2.0$ 时，要使机翼上的有效 $Ma=1.0$，就必须使前缘后掠角大于 60°。但随着前缘后掠角的增大，后掠机翼根部结构的受力情况就会恶化，结构重量也会增大。同时低速时的空气动力特性也将恶化，使飞机的升力下降，阻力增大，因此采用大后掠机翼很不利。在这种情况下，采用三角形机翼比较合适，图 4－20 所示的 J－8Ⅱ 超声速飞机即为三角形机翼的飞机。

三角形机翼的减阻效果和大后掠机翼大体相似。它具有前缘后掠角大、展弦比小和相对厚度较小的特点。由于翼根部分比较长，因此在相对厚度不变的情况下，有

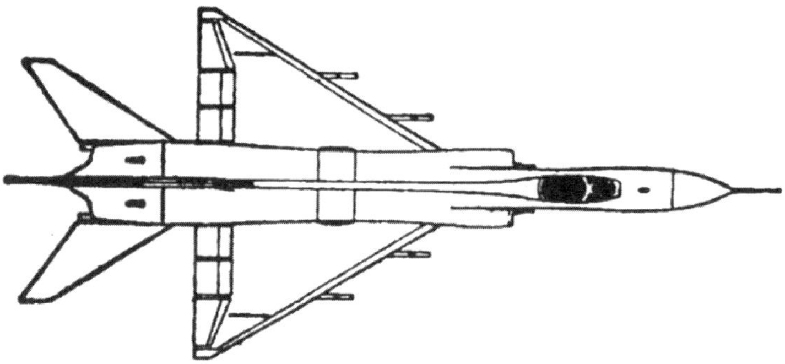

图 4-20　小展弦比、三角形机翼的超声速飞机

助于增大翼根处的绝对厚度，从而改善根部结构受力状况和减轻结构重量；如果保持机翼结构高度不变，则可降低机翼的相对厚度，降低波阻。三角形机翼的空气动力性能很好，机翼的焦点位置从跨声速到超声速的变化，比其他平面形状机翼的变化都小，因此更有助于保证飞机的纵向飞行稳定性。

三角形机翼的飞机在亚声速飞行时的升阻比较低，巡航特性也不太好。另外，小展弦比的三角形机翼在大迎角飞行时才有足够的升力系数。而在飞机着陆时，为了不妨碍驾驶员向下的视野，机头不能抬得过高，飞机迎角也不能太大，所以三角形机翼飞机的着陆性能较差。

3. 小展弦比机翼

对于低速飞机来说，为了减小诱导阻力，常常采用大展弦比机翼。但对于超声速飞机来说，为了减小波阻，通常会采用小展弦比机翼，图 4-20 所示的 J-8Ⅱ飞机，其展弦比为 2.1。小展弦比机翼在翼弦方向较长，在翼展方向较短，因此可以减小波阻。因为超声速飞行的激波是沿着机翼的前缘和后缘产生的，翼展的长度缩短了，激波面的长度也就缩短了，因此机翼上产生的激波阻力也就减小了。另外，由于小展弦比机翼翼弦比较长，因此机翼相对厚度一般都比较小，有利于减小激波阻力。目前，超声速飞机的展弦比一般在 2.5 以下。

小展弦比机翼的缺点是襟翼面积小，起落性能差。另外，由于翼尖面积大，所产生的诱导阻力也较大，可采用翼尖挂导弹或副油箱的方法来削弱翼尖涡流的强度，减小诱导阻力。

4. 变后掠机翼

现代超声速飞机广泛采用小展弦比、大后掠机翼。后掠角大可以降低波阻，这对超声速飞行有利；但由于展弦比和翼展都较小，低速飞行性能较差，飞机的起飞和着陆滑跑距离都较长，因此这种飞机常常会遇到高速和低速性能要求互相矛盾的问题。

变后掠翼飞机（见图 4-21）通过机翼后掠角的变化，可以解决高、低速性能要求的矛盾。飞机在起飞着陆和低速飞行时，采用较小的后掠角，这时机翼展弦比最大，因而有较高的低速巡航性能和较大的起飞着陆升力。而在超声速飞行时，采用较大的后掠角，机翼展弦比和相对厚度随之减小，对于减小超声速飞行的阻力很有利。变后掠翼的飞机，在整个 *Ma* 范围内有较好的空气动力性能，可以较好地满足各个设计飞行状态的要求。现代变后掠翼飞机常用于多用途战斗机、歼击轰炸机和轰炸机，如苏联的米格-23、欧洲的“狂风”和美国的 F-14 战斗机，以及 B-1 轰炸机等都是变后掠翼飞机。

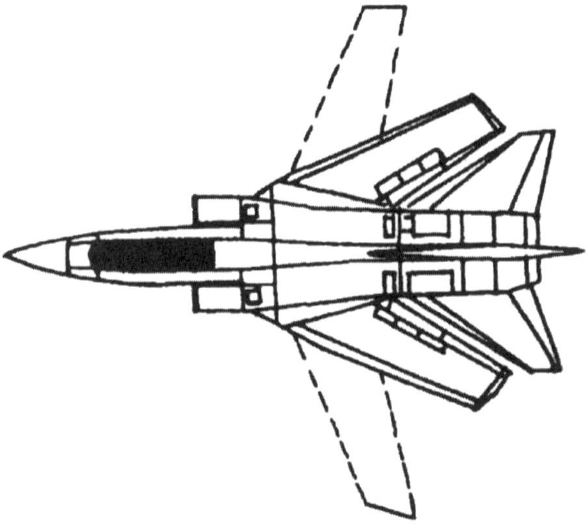

图 4-21　变后掠翼飞机

变后掠翼飞机的主要缺点是机翼变后掠转动机构复杂，结构重量大，而且气动中心变化大，平衡较为困难。

5. 边条机翼

解决超声速飞机高速飞行和低速飞行矛盾的另一条途径就是采用边条机翼，如图 4-22 所示。边条机翼是一种混合平面形状的机翼，它由边条（又称前翼）和后翼（又称基本翼）两部分组成。边条为大后掠角（$\chi_0 \geqslant 70°$）的细长翼，后翼为中等展弦比（$\lambda = 3 \sim 4$）、中等后掠角（$\chi_0 = 30° \sim 50°$）的三角形机翼。由于有大后掠的边条，使整个机翼的有效后掠角增大，相对厚度减小，因此有效地减小了激波阻力；同时，由于基本翼的存在，又使整个机翼的有效展弦比增大，因此可以减小低亚声速以及跨声速飞行时的诱导阻力。

理论和实验表明，边条机翼可以产生较大的升阻比。由于边条的后掠角较大，因此在不大的迎角下，边条前缘流动就产生分离，分离产生的边条涡，将从基本翼的上翼面流过，对基本翼上翼面产生有利的干扰影响，使上翼面的压力下降而升力增加。此外，边条翼上产生的边条涡还可以给上翼面的附面层补充动能，延缓和减轻基本翼上气流的分离，从而可产生相当大的附加升力（又称涡升力）。现代很多战斗机，既要求能做超声速飞行，又要求能在高亚声速或跨声速做高机动飞行，因此常常采用边条

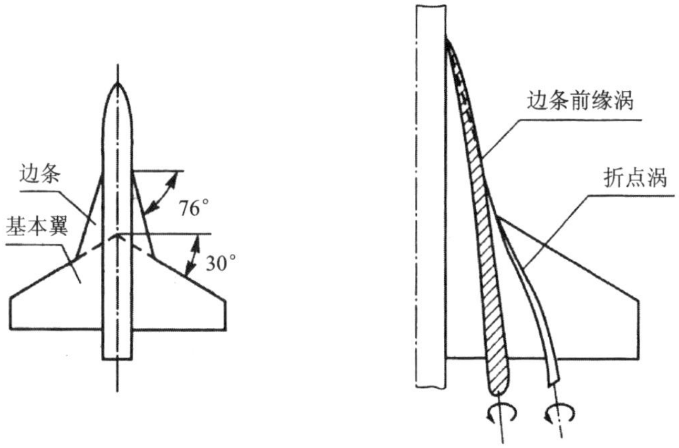

图 4－22　边条机翼飞机

机翼。如 F－16、F－18、米格-29 战斗机等，都是边条机翼飞机。

6. “鸭”式飞机

大多数飞机均采用正常式气动布局，即飞机的水平尾翼位于机翼之后。当飞机以正迎角飞行时，为了保持飞机平衡，需要使升降舵向上偏，并产生负升力，其方向正好与机翼升力方向相反，如图 4－23(a)所示。因此正常式飞机的水平尾翼总是使全机升力减小。而“鸭”式飞机是将水平尾翼移到机翼之前，并将此水平尾翼改成前翼或鸭翼。因为水平尾翼位于飞机重心的前面，因此在正迎角飞行时，鸭翼将产生正的升力，以保持飞机平衡，故鸭翼对全机升力的贡献是有积极作用的，如图 4－23(b)所示。“鸭”式飞机在超声速飞机中应用较多，在大迎角飞行时，鸭翼前缘产生的脱体旋涡在沿着机翼上表面向后流动时，会产生类似于边条翼飞机的有利干扰，使机翼升力增大。这对改善飞机的起降性能非常有利。如瑞典的超声速多用途战斗机 Saab JA－37，如图 4－24 所示，由于采用了“鸭”式布局，其起降性能非常好，起飞距离为 400 m，着陆距离为 500 m，仅为同类飞机的一半左右。

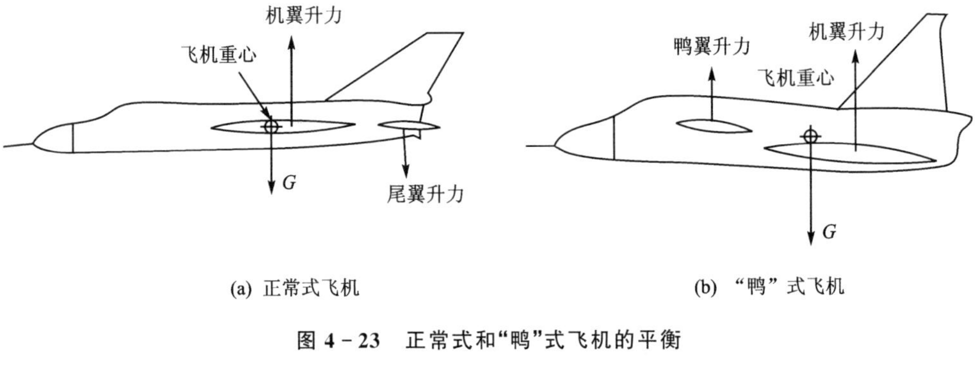

(a) 正常式飞机　　(b) “鸭”式飞机

图 4－23　正常式和“鸭”式飞机的平衡

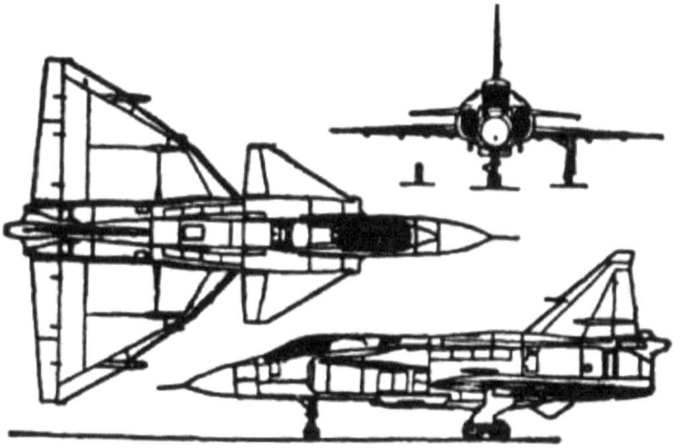

图 4－24　Saab JA－37 鸭翼飞机

7. 无平尾式布局

无平尾式布局通常用于超声速飞机。例如，英法合作研制的“协和”号超声速旅客机，采用的就是无平尾式布局。它能以 $Ma=2.04$ 左右的速度巡航飞行。其机翼是细长尖拱形，前端起到边条翼的作用。机翼平均相对厚度很小，只有 0.025 左右，如图 4－25 所示。这类飞机的机身和机翼都比较细长，机翼面积较大，飞机重心也比较靠后，即使采用水平尾翼，由于其距离飞机重心较近，平尾的稳定和操纵作用也比较弱，因此，宜采用无平尾式布局，这样还可以减小平尾部件所产生的阻力。由于没有平尾，也就没有了升降舵，这种飞机的俯仰操纵可以由机翼后缘的升降副翼来完成，即当左右机翼上的升降副翼同时向上或向下偏转时产生俯仰操纵力矩，起到升降舵的作用；当左右机翼上的升降副翼向相反方向偏转时，产生横侧向操纵力矩，此时起到副翼的作用。

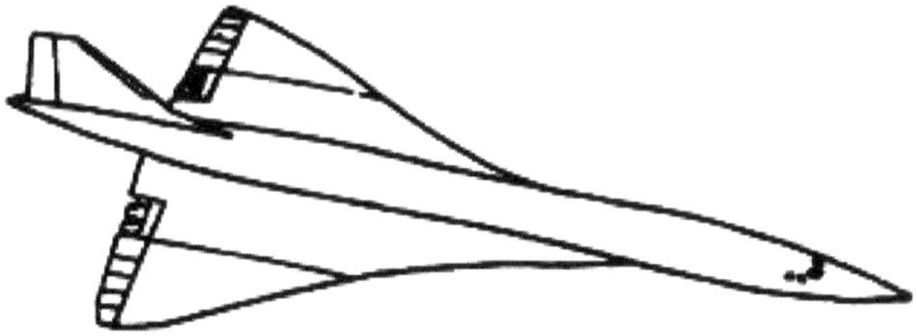

图 4－25　“协和”号无尾式飞机

近年来出现的隐身飞机，为了增强隐身能力，通常采用 V 形尾翼，即常采用无立尾式的气动布局。

4.4.3 超声速飞机的机身外形特点

1. 超声速机身的特点

机身的主要功用是装载乘员、货物、发动机和各种仪表设备等，同时把飞机的其他部件有效地连接在一起。机身产生的空气动力主要是阻力，但对飞机的升力也有一定的影响。对于超声速飞机，不但机翼的形状对其空气动力特性有重要影响，而且机身的形状也很重要。为了减小超声速飞机的波阻，机身一般采用头部很尖、又细又长的圆柱形机身，机身长细比(机身长度与机身剖面最大直径之比)一般可达到十几甚至更高。另外采用“跨声速面积律”，也有助于降低波阻和提高速度。

所谓跨声速面积律是指在机翼和机身的连接部位，把机身适当地收缩，使沿机身纵轴的横截面面积的分布规律，与某一个阻力最小的旋转体的剖面分布规律相当。这样可以将相互干扰减小，使飞机的跨声速激波阻力大大降低。如图 4-26(a)和(b)所示为 YF-102 飞机和该飞机的机身横截面积沿飞机纵轴的分布曲线，图(a)当截面切到机翼部位时，横截面积有一个峰值出现，与理想的分布曲线相差很大，因此飞机在跨声速飞行时的翼身干扰阻力很大。图(b)把机身和机翼连接处做成蜂腰形，使机身横截面积分布曲线接近理想曲线，激波阻力大大降低。

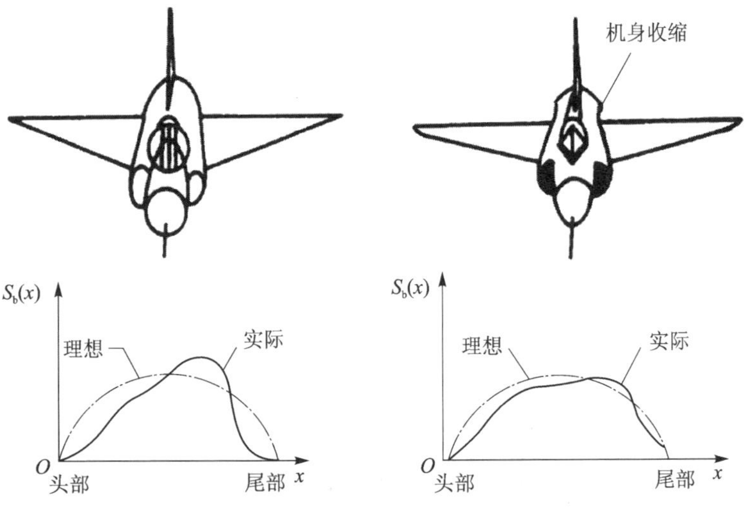

(a) 未采用面积律　　(b) 采用面积律

图 4-26　跨声速面积律

有些超声速飞机为了减小阻力，往往尽量把驾驶舱埋藏在机身外形轮廓之内，因此使飞机着陆时驾驶员的视线大大恶化。为了改善这种状况，可以将机头做成活动的，着陆时使机头下垂，以增大驾驶员的视野。如“协和”号超声速客机机头就可以下垂 17.5°。

2. 超声速飞机和低、亚声速飞机的外形区别

低、亚声速飞机和超声速飞机由于其飞行速度不同，飞行时产生的空气动力也有较大的差异。为了获得较好的气动外形和飞行性能，低、亚声速飞机和超声速飞机在外形上有着很大的不同。根据前面的分析，它们在外形上的区别主要体现在以下几个方面：

① 低、亚声速飞机机翼的展弦比较大，一般在 6～9 之间；梢根比也较大，一般在 0.33 左右；而超声速飞机机翼的展弦比较小，一般在 2.5～3.5 之间；梢根比较小，在 0.2 左右。

② 低速飞机常采用无后掠角或小后掠角的梯形直机翼；亚声速飞机的后掠角一般也比较小，一般小于 35°；而超声速飞机一般为大后掠机翼或三角机翼，前缘后掠角一般为 40°～60°。

③ 低、亚声速飞机的机翼翼型一般为圆头尖尾型，前缘半径较大，相对厚度也比较大，一般在 0.1～0.12 之间；而超声速飞机机翼翼型头部为小圆头或尖头（前缘半径比较小），相对厚度也较小，一般在 0.05 左右。

④ 低、亚声速飞机机翼的展长一般大于机身的长度，机身长细比较小，一般在 5～7 之间，机身头部半径比较大，前部机身比较短，有一个大而突出的驾驶舱；而超声速飞机机身的长度大于翼展的长度；机身比较细长，机身长细比一般大于 8，机身头部较尖，驾驶舱与机身融合成一体，呈流线型。

因此，观察一架飞机的外形，就可以大致判定它是低、亚声速飞机还是超声速飞机。

4.5 超声速飞行的“声爆”与“热障”

4.5.1 超声速飞行的“声爆”

飞机在超声速飞行时，在飞机上形成的激波，传到地面上形成如同雷鸣般的爆炸声，这就是所谓“声爆”现象（见图 4-27）。声爆过大可能会对地面的居民和建筑物造成损害。

飞机在超声速飞行时会产生头部激波和尾部激波，当飞机的头部激波和尾部激波传到地面上时，使那里的空气压强急剧变化，产生的压力脉冲变化犹如 N 字形。对于地面上的观察者来讲，头部激波扫过时先是增压（大于大气压力），然后紧接着是减压（低于大气压力），最后等到尾部激波扫过后，再增压恢复到大气压力，这个过程大约发生在 0.1 s 内。观察者常常能听到先后两声“嘭”“嘭”的巨响。如果飞机的飞行高度比较低，激波在地面上的压强变化得就可能太猛太快，从而造成房屋玻璃甚至结构的损坏。

“声爆”强度与飞机的飞行高度（强度随着距飞机的距离的增大而减小）、飞行速

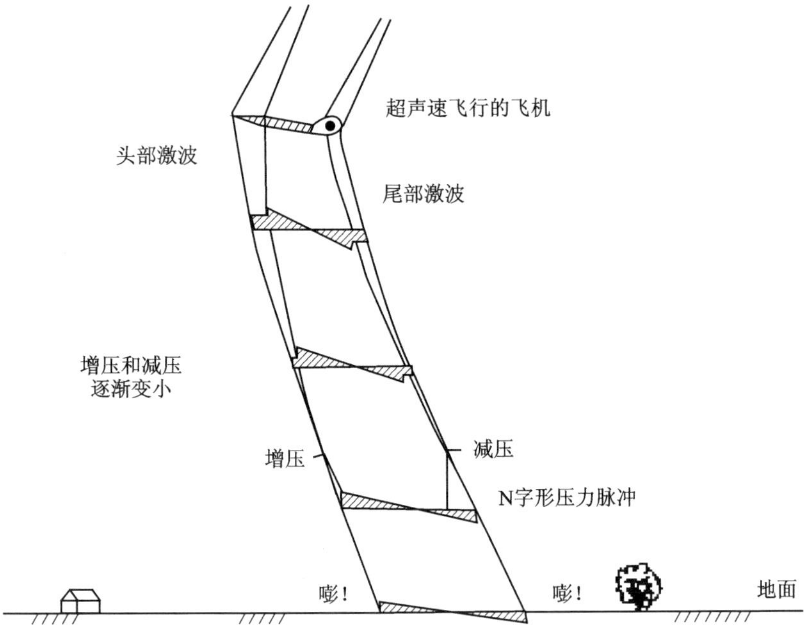

图 4－27 超速飞行中的“声爆”

度、飞机重量、飞行姿态以及大气状态等都有关系。为防止噪声扰民和“声爆”现象，一般规定在城市上空 10 km 的高度之下不得做超声速飞行。对于将来的超声速旅客机，除了要解决经济性较差的问题外，超声速“声爆”的噪声扰民问题和对环境的破坏也是影响超声速运输机飞行的主要问题。

4.5.2 超声速飞行的“热障”

在飞机速度不断提高的过程中，遇到的头一个关口就是“声障”。飞机突破“声障”以后，随着速度的进一步提高，又遇到了一个新的关口，这就是“热障”。

当飞机以超声速飞行时，飞机表面附面层中的空气受到了强烈的摩擦阻滞和压缩，速度大大降低，动能转化为内能，使飞机表面温度急剧增高。比如飞机以 $Ma=2.0$ 在同温层飞行时，飞机头部的温度可达到 120 ℃；当飞行马赫数提高到 $Ma=3.0$ 时，飞机头部的温度可达到 370 ℃，此时，作为飞机主要结构材料的铝合金，其材料性能急剧下降，因此已不能在如此高温环境下长期工作，否则会造成飞机结构的破坏。气动加热可使结构强度和刚度降低，飞机的气动外形受到破坏，危及飞行安全，这种由气动加热引起的危险障碍就称为“热障”。所以“热障”实际上是空气动力加热造成的结果。

当然，在飞机其他表面处，温度一般要比驻点处（如机头）的温度低一些，但由于空气黏性的作用，附面层内气流流速受到滞止，表面上的温度也是相当高的，因此，机内设备、人员也需要隔热、防热。由于人所能承受的最高温度大约是 40 ℃，而飞机上的设备如无线电设备、航空仪表、雷达、橡胶制品、有机玻璃、塑料制品等，其工作温度一般也不超过 80 ℃，因此如何保护机内的人员、设备不受伤害，也是“热障”需要解决的重要问题之一。

目前解决“热障”的方法主要有：用耐高温的新材料如钛合金、不锈钢或复合材料来制造飞机重要的受力构件和蒙皮；用隔热层来保护机内设备和人员；也可以采用水或其他冷却液来冷却结构的内表面等。如美国的 SR－71 飞机，93％的机体结构采用钛合金，就顺利地越过了“热障”，创造了 $Ma=3.3c$ 的世界纪录。

思考题

1. 什么是激波？超声速气流通过正激波时，流动参数有哪些变化？
2. 什么是正激波和斜激波？二者在流动上有何区别？
3. 什么是临界马赫数？
4. 什么是局部激波？
5. 简述超声速飞机的外形特点。如何减小超声速飞机的激波阻力？
6. 后掠机翼、三角形机翼、小展弦比机翼、变后掠机翼、边条机翼、“鸭”式布局和无尾式布局等飞机各有什么特点？
7. 低速飞机和超声速飞机在外形上有何区别？

第 5 章　飞机的飞行性能

飞机的飞行性能是衡量一架飞机性能好坏的重要指标。

飞机的飞行性能一般包括飞行速度、航程、升限、起飞着陆性能和机动性能等。

5.1　飞机的基本飞行性能

飞机在铅垂面内的定常直线飞行，是常见的运动形式之一。定常运动是指飞机的运动参数不随时间改变的运动。严格来讲，定常运动是不存在的，因为即使飞行速度保持不变，但随着燃油的消耗，飞机重量也在不断地减小，因而迎角也要变化。可是，如果飞机运动参数随时间变化十分缓慢，则至少在一段时间内可近似认为运动参数不变，这就是通常所说的"准定常运动"。飞机的基本飞行性能就是飞机在定常运动和准定常运动时的运动特性。

飞机做定常直线运动（简称定直运动）时，作用在飞机上的外力有升力 L、阻力 D、推力 P 和重力 G，这些力是平衡的，如图 5-1 所示。

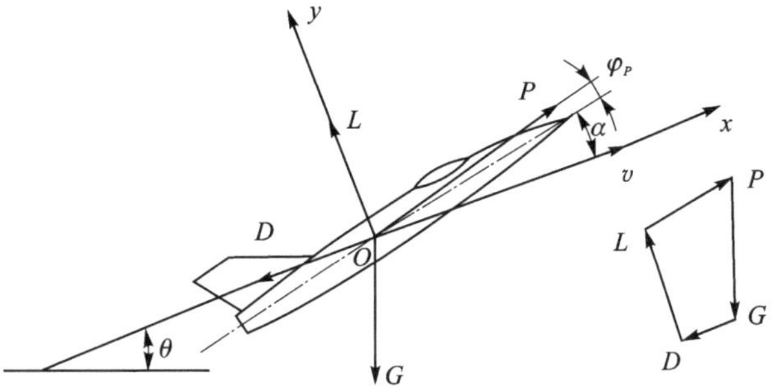

图 5-1　定直飞行时作用在飞机上的外力

飞机定直运动的轨迹不外有 3 种情况：定直爬升（$\theta>0°$，θ 为航迹角）、定直平飞（$\theta=0°$）和定直下滑（$\theta<0°$）。这 3 种典型定直运动的飞行性能分别称为爬升（或上升）性能、平飞性能和下滑性能。在某些简化假设下，这些性能可以解析求解。但由于发动机特性及飞机气动特性一般难以写成简洁的解析表达式，因而工程上往往采用图解分析法，其中最常用的是简单推力法。

5.1.1　飞机的平飞需用推力

保持飞机定直平飞的条件是：动力装置提供的推力等于飞机的迎面阻力，飞机的升力等于飞机的重量。其中假设发动机安装角 φ_p 及迎角 α 都很小。在图 5-1 中

令 $\theta=0^{\circ}$，则有

$$P=D=C_D\ \frac{1}{2}\rho v^2 S$$

$$G=L=C_L\ \frac{1}{2}\rho v^2 S$$

这就是飞机定直平飞的条件。由此条件可以看出，在一定的迎角、一定的飞行高度上，欲使 $L=G$ 条件满足，飞机必须具备一定的飞行速度，飞机在这个飞行状态下所遇到的阻力 D 须由动力装置的可用推力来平衡。飞机在定高度和速度下进行定直平飞所需的发动机推力，称为平飞需用推力，用 $P_{平衡}$ 表示。

由于

$$P_{平衡}=D=C_D\ \frac{1}{2}\rho v^2 S \tag{5-1}$$

$$K=\frac{L}{D}=\frac{G}{P_{平衡}}$$

式中，K 为升阻比，则有

$$P_{平衡}=\frac{G}{K} \tag{5-2}$$

计算飞机的基本飞行性能时，一般取飞机的起飞重量和着陆重量的平均值作为计算重量，即 $G=(G_{起飞}+G_{着陆})/2$。

实际计算中需要计算在给定高度上不同速度的平飞需用推力曲线。其计算步骤如下：根据高度 H、马赫数 Ma，由国际标准大气查出空气密度 ρ、声速 a 并计算出飞行速度 v；然后由飞机重量 G 计算出升力系数 C_L，由极曲线查出阻力系数 C_D 及升阻比 K；最后根据式(5-1)计算出平飞需用推力 $P_{平需}$。变换不同的 Ma 重复上述计算，即可得到平飞需用推力曲线，如图 5-2 所示。该图同时标出了平飞需用推力的

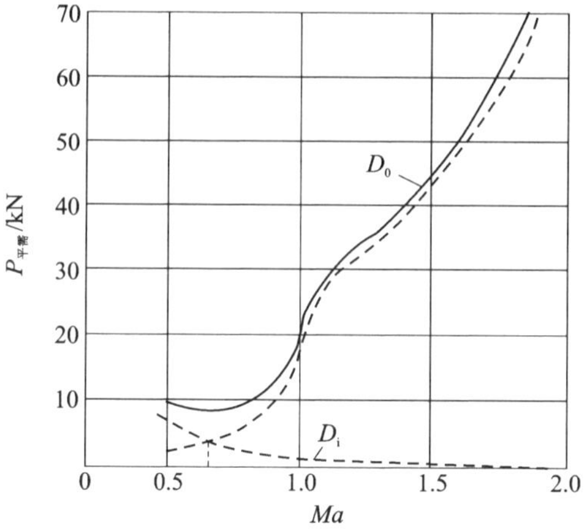

图 5-2　平飞需用推力曲线的构成

组成：零升阻力 D_0 和诱导阻力 D_i（虚线）。不同高度上的平飞需用推力曲线如图 5－3 所示。

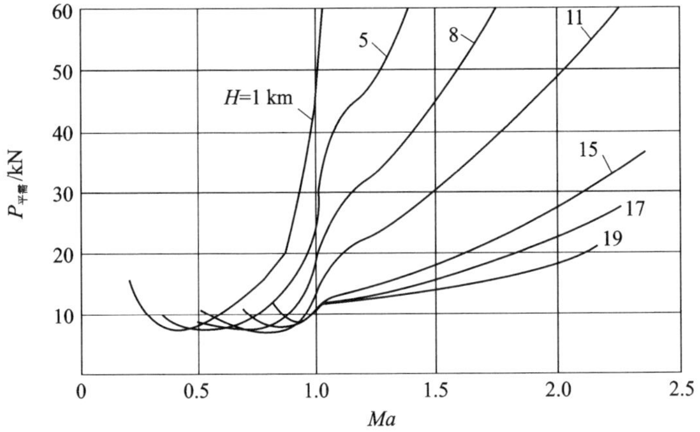

图 5－3　不同高度上超声速飞机的平飞需用推力曲线

把不同高度上的平飞需用推力曲线和相应坐标上的动力装置可用推力曲线用同一坐标绘制在一张图上，即可得到推力曲线图，如图 5－4 所示，通过比较 $P_{平需}$ 与 $P_{可用}$ 的方法，可以确定飞机的基本飞行性能，这种方法称为简单推力法。

下面，我们用简单推力法来确定飞机的基本飞行性能。

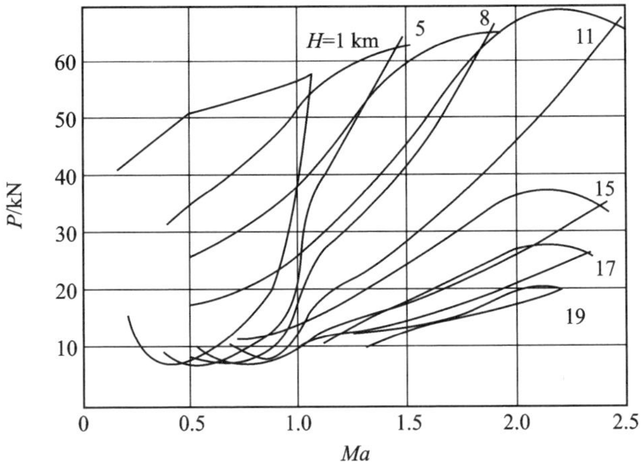

图 5－4　超声速飞机的推力曲线图

5.1.2　飞机的定直平飞性能

飞机定直平飞性能主要有 3 个指标：最大平飞速度 v_{max}（或 Ma_{max}）、最小平飞速度 v_{min}（或 Ma_{min}）和巡航速度。

1. 最大平飞速度 v_{max}(或 Ma_{max})

最大平飞速度是指飞机在一定高度上能做定直平飞的最大速度。显然,最大平飞速度 v_{max}(或 Ma_{max})可由推力曲线图上同一高度的可用推力曲线与平飞需用推力曲线的右交点确定。由于此时的 $P_{平需}=P_{可用}$,$L=G$,故 v_{max} 也可用公式表示为

$$v_{max}=\sqrt{\frac{2P_{可用}}{C_D\rho S}} \tag{5-3}$$

从推力曲线图上可找出各飞行高度上的最大平飞速度 v_{max}(或 Ma_{max}),如图 5-5 所示,称为最大平飞速度线。

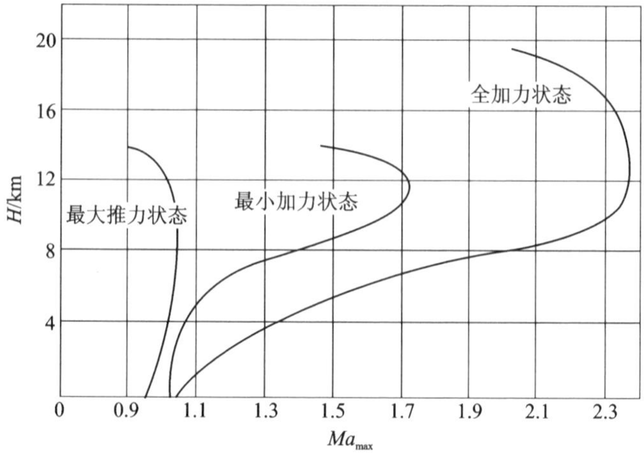

图 5-5　超声速飞机的最大平飞速度线

2. 最小平飞速度 v_{min}(或 Ma_{min})

最小平飞速度是指飞机在一定高度上能做定直平飞的最小速度。原则上讲,当 $C_L=C_{L\max}$ 时,飞机可获得最小平飞速度。但为了保证安全,常取安全/允许升力系数作为计算 v_{min} 的依据。

$$C_{L安全}=(0.7\sim0.9)C_{L\max} \tag{5-4}$$

由定直平飞条件 $L=G$ 可得

$$v_{min}=\sqrt{\frac{2G}{\rho SC_{D安全}}} \tag{5-5}$$

随飞行高度的增加,ρ 将减小,故最小平飞速度也随之增大。

3. 巡航速度

巡航速度是指发动机每千米消耗燃油量最小情况下的飞行速度。巡航速度显然要大于最小平飞速度,小于最大平飞速度。飞机以巡航速度飞行最经济。(客机通常以巡航速度飞行。)

5.1.3 飞机的定直上升性能

表征飞机定直上升性能的指标主要有：上升率(爬升率)v_y、最大上升率 $v_{y\max}$、上升航迹角 θ、最大上升航迹角 $\theta_{\max}$、静升限 $H_{\max}$ 等。

1. 定直上升航迹角 θ 的确定

由图 5-1 可以列出定直上升的方程：

$$P = D + G\sin\theta$$

$$L = G\cos\theta$$

所以

$$\sin\theta = \frac{P - D}{G} = \frac{\Delta P}{G} \tag{5-6}$$

式中，$\Delta P = P - D = P - P_{平需}$，为剩余推力，即是可用推力克服飞机阻力后剩余的部分。上升性能的分析和确定，主要问题是要从推力曲线图上查出剩余推力 ΔP 以及 ΔP 随 H 及 v 的变化。

由式(5-6)可得航迹角 θ 为

$$\theta = \arcsin\frac{\Delta P}{G} \tag{5-7}$$

最大航迹角 $\theta_{\max}$ 为

$$\theta_{\max} = \arcsin\frac{\Delta P_{\max}}{G} \tag{5-8}$$

飞机以 $\theta_{\max}$ 上升时航迹最陡，剩余推力最大，此时的航迹速度 v 称为最陡上升速度，用 $v_{陡升}$ 或 v_θ 表示。一般 $\Delta P_{\max}$ 出现在 $P_{平需\min}$ 附近，故 $v_{陡升}$ 与对应阻力最小的有利速度 $v_{有利}$ 接近。

2. 定直上升率 v_y 的确定

飞机的上升率 v_y 是指飞行速度 v 的铅垂分量，并规定向上为正。由图 5-6 可知

$$v_y = v\sin\theta \tag{5-9}$$

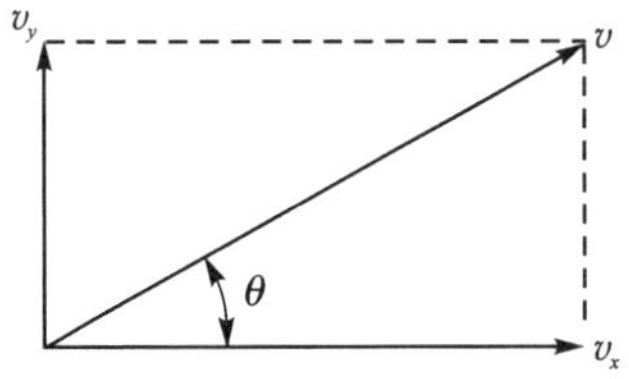

图 5-6 上升率 v_y 及水平分速 v_x

v_y 实际上表示单位时间内飞机上升的几何高度，故又称为几何上升率。由式(5-6)可得上升率为

$$v_y = \frac{\Delta P v}{G} \tag{5-10}$$

最大上升率 $v_{y\max}$ 为

$$v_{y\max} = \frac{(\Delta P v)_{\max}}{G} \tag{5-11}$$

飞机以 $v_{y\max}$ 上升到一定高度，上升时间可望最短，即上升得最快。与 $v_{y\max}$ 对应

的速度称为快升速度，用 $v_{快升}$ 表示。一般来讲，快升速度大于陡升速度，即 $v_{快升} > v_{陡升}$（见图 5-7）。

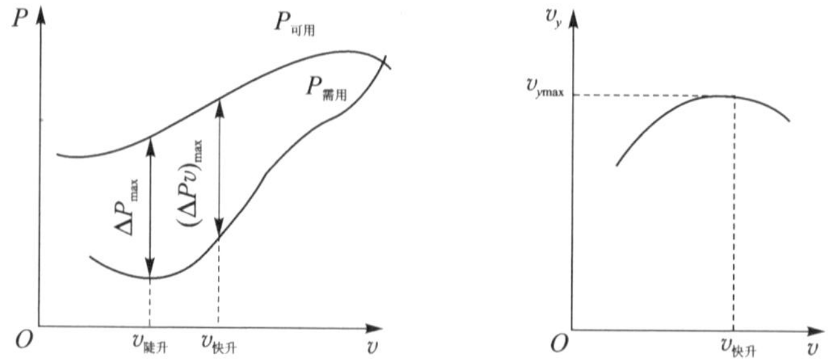

图 5-7　最大爬升角、最大上升率与剩余推力、相应速度的关系

3. 飞机静升限 H_{max} 的确定

飞机静升限是指飞机能做定直平飞的最大高度。

飞机上升时，随着飞行高度的增加，推力曲线图上的可用推力曲线逐渐向下移动；而平飞需用推力曲线逐渐向右移动并越来越平缓。当上升到某一极限高度时，可用推力曲线与平飞需用推力曲线恰好相切于某一点，此时飞机仅能以切点处对应的唯一速度做定直平飞，不论大于或小于这一速度，由于 $P_{可用} < P_{平需}$，飞机都不能再做定直平飞（见图 5-8）。这个极限高度就是静升限 H_{max}（见图 5-8 中 H_{max}=19.5 km）。

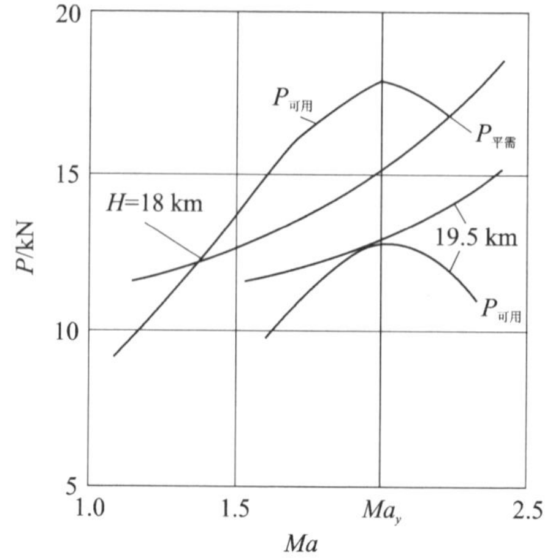

图 5-8　升限附近的推力曲线

在静升限 H_{max} 中，飞机仅能做定直平飞，$\Delta P=0$，因而 $v_{ymax}=0$，所以实际上常用最大上升率曲线与纵轴 H 的交点来确定静升限（见图 5-9），而不用可用推力曲线与平飞需用推力曲线的切点来确定。同时还应看到 H_{max} 也只有理论上的意义。这是因为随着 H 的增加，v_y 在下降，所以爬升到 H_{max} 所需时间将趋于无限大；另外，由于在 H_{max} 高度上 $\Delta P=0$，飞机稍受干扰或操作不慎，就有可能降低高度。所

以 H_{max} 又称为理论静升限。

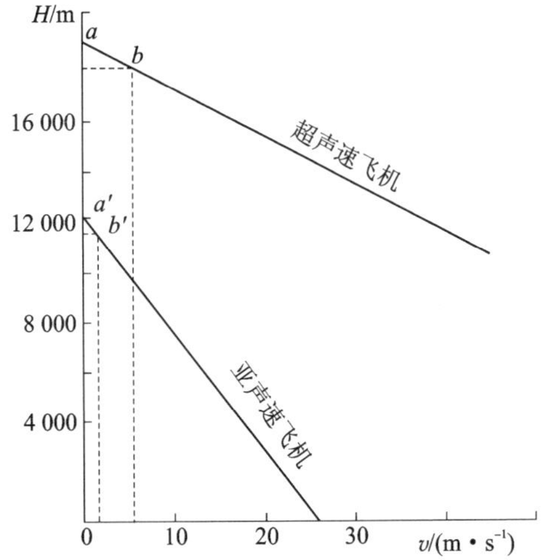

图 5-9　飞机的理论和实用升限

由于上述原因，实际使用中飞机不得不在稍低于理论静升限的高度上飞行，以便使飞机具有一定的推力储备和良好的操纵性。高机动性飞机规定与 $v_{ymax}=5$ m/s 相对应、低亚声速飞机规定与 $v_{ymax}=0.5$ m/s 相对应的可实际使用的高度为最大高度，称为实用升限，以 $H_{max实}$ 表示。

发动机工作状态(全加力、最小加力、最大推力)不同，飞机的静升限也不相同。

5.2　飞机的机动飞行性能

5.2.1　飞机的机动性与过载

1. 飞机的机动性

飞机的机动性是指飞机改变飞行速度、高度和方向的能力。飞行速度、高度和方向改变得越快，飞机的机动性就越好。

在夺取空战优势时，飞机的机动性起着相当重要的作用，所以机动性是飞机的重要战术性能指标之一。

一般常用过载来评定飞机的机动性。

2. 过　载

飞机所受除重力之外的外力总和(矢量和)与飞机重量之比，称为过载系数，简称过载，用 $\boldsymbol{n}$ 表示。

过载 $\boldsymbol{n}$ 为一向量，其方向与除重力之外的外力的合力的方向一致，其大小代表该合力与飞机重量之比，即飞机重量的倍数。

过载 $\boldsymbol{n}$ 沿飞机主轴的 3 个分量为 n_x、n_y、n_z(见图 5-10),即

$$\boldsymbol{n}=n_x\boldsymbol{i}+n_y\boldsymbol{j}+n_z\boldsymbol{k} \tag{5-12}$$

式中,$\boldsymbol{i}$、$\boldsymbol{j}$、$\boldsymbol{k}$ 分别为沿飞机主轴方向的单位向量。除重力之外的总外力的 y 向分量(可近似认为就是升力 L)与飞机重量 G 之比就是 y 向过载系数 n_y,即

$$n_y=\frac{L}{G} \tag{5-13}$$

n_y 可正可负,取决于该方向的外力情况,当它与坐标轴正向一致时为正,反之为负。例如,飞机在定直平飞情况下,$n_y=1$。如飞机做等速直线倒飞,则 $n_y=-1$。由于 y 向过载作用在飞机结构高度最小的方向上,所以除一些特殊情况外,一般只考虑 n_y,不考虑 n_x 和 n_z(它们的值也较小)。

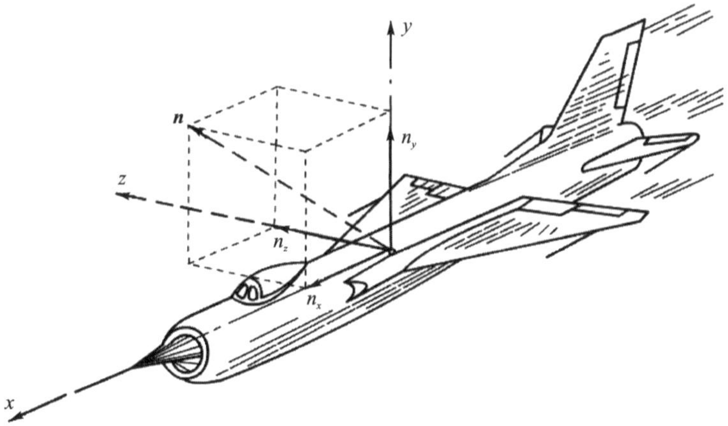

图 5-10　飞机的坐标轴方向

飞机在铅垂平面内的典型机动动作有平飞加速和减速、跃升、俯冲和筋斗(见图 5-11),在水平面内的典型机动动作有盘旋。盘旋时作用在飞机上的力如图 5-12 所示。下面分别讨论。

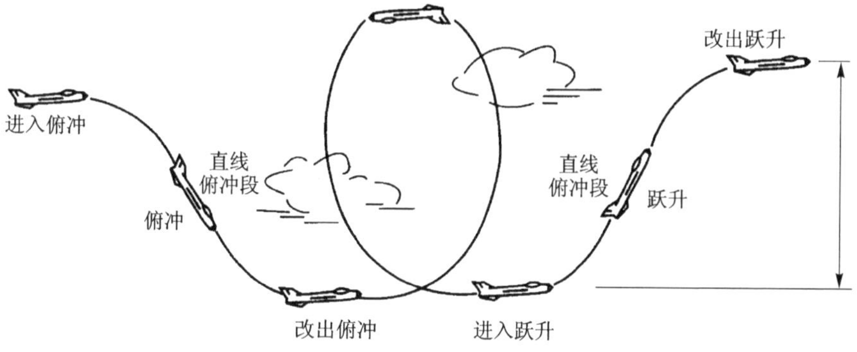

图 5-11　铅垂平面内的典型机动动作

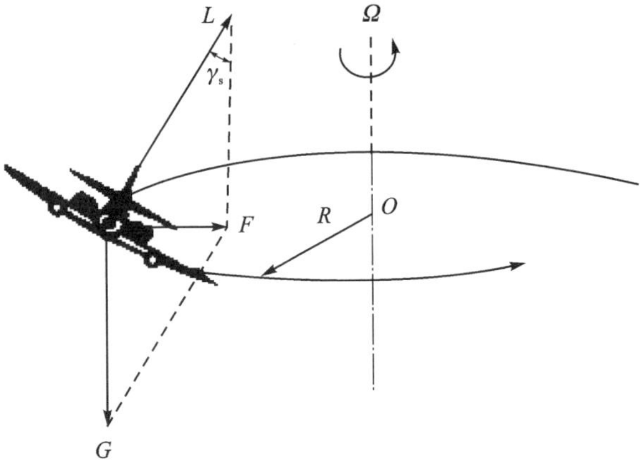

图 5－12　盘旋飞行时作用在飞机上的力

5.2.2　平飞的加速和减速性能

平飞加/减速性能反映了飞机改变速度的能力。平飞时增大或减小一定速度所需的时间越短，则平飞加/减速性能越好。设 a 为飞机的平飞加/减速度，则 $a=\frac{\mathrm{d}v}{\mathrm{d}t}$。在图 5－1 中令 $\theta=0°$，$\mathrm{d}\theta/\mathrm{d}t=0$，则平飞加/减速时，有

$$\left.\begin{aligned}&L=G\\&\frac{G}{g}a=P-D\end{aligned}\right\}\tag{5-14}$$

由此可得

$$a=\frac{\mathrm{d}v}{\mathrm{d}t}=\frac{P-D}{G}g=\frac{\Delta P}{G}g\tag{5-15}$$

所以 ΔP 越大，G 越小，飞机的加速度越大。

由式(5－14)、式(5－15)可以看出，要使飞机平飞加速，驾驶员应尽量加大油门，使 $\Delta P>0$，同时操纵驾驶杆，使 $L=G$ 随时得到满足；反之，欲使飞机平飞减速，驾驶员应尽量收小油门，使 $\Delta P<0$，同时保持 $L=G$。

由式(5－15)可得

$$\mathrm{d}t=\frac{G}{g(P-D)}\mathrm{d}v\tag{5-16}$$

所以，从速度 v_1 改变至 v_2 的时间为

$$t=\int_{v_1}^{v_2}\frac{G}{g(P-D)}\mathrm{d}v\tag{5-17}$$

又因

$$\mathrm{d}L=v\mathrm{d}t=v\frac{G}{g(P-D)}\mathrm{d}v\tag{5-18}$$

所以从 v_1 改变速度至 v_2 的飞行距离为

$$l=\int_{v_1}^{v_2}\frac{Gv}{g(P-D)}\mathrm{d}v \tag{5-19}$$

5.2.3　跃升性能和动升限

跃升，是将飞机的动能转变成势能，迅速取得高度优势的一种机动飞行。跃升性能的好坏，由跃升增加的高度 ΔH（见图 5-11）及所需时间来衡量。下面用能量法近似估算跃升所增加的高度，并引出动升限的概念。

设飞机在 H_1 高度上以速度 v_1 平飞，驾驶员拉杆后，飞机进入跃升，之后推杆改出，到另一高度 H_2 以速度 v_2 平飞（见图 5-11）。假定在跃升过程中 $P\approx D$，即 $\Delta P=P-D\approx 0$，则 ΔP 在跃升过程中做的功为零。升力 L 始终与航迹垂直，也不做功，因此跃升过程中只有重力做功。如果进入跃升及改出跃升的飞机的动能与势能之和（总能量）分别为 E_1 和 E_2，则

$$E_1=mgH_1+\frac{1}{2}mv_1^2=\left(H_1+\frac{v_1^2}{2g}\right)G \tag{5-20}$$

$$E_2=mgH_2+\frac{1}{2}mv_2^2=\left(H_2+\frac{v_2^2}{2g}\right)G \tag{5-21}$$

根据能量守恒定律，有 $E_1=E_2$。所以

$$\Delta H=H_2-H_1=\frac{1}{2g}(v_1^2-v_2^2) \tag{5-22}$$

由此式可知，进入跃升速度 v_1 越大，改出跃升高度上的速度 v_2 越小，则跃升的高度增量 ΔH 越大。但 v_1 受 H_1 高度上的最大平飞速度 $v_{1\max}$ 的限制，v_2 受 H_2 高度上的最小平飞速度 $v_{2\min}$ 的限制，因此，飞机从 H_1 高度开始跃升所能达到的最大高度为

$$H_{2\max}=H_1+\frac{v_{1\max}^2}{2g}-\frac{v_{2\min}^2}{2g}=\frac{E_1}{G}-\frac{v_{2\min}^2}{2g} \tag{5-23}$$

由于 $v_{2\min}$ 取决于 H_2 高度上的 ρ 及 $C_{L允许}$，而 $C_{L允许}$ 又与 $v_{2\min}$ 有关，因此计算 $H_{2\max}$ 须用迭代法。

在理论升限 $H_{\max}$ 高度上 $P-D=0$，所以有 $v_y=0$，$a=0$，飞机只能保持定直平飞。但对于超声速飞机而言，在 $H_{\max}$ 处 $v\gg v_{\min}$，因此可以通过跃升增加高度。通过跃升可达到的最大高度称为动升限 $H_{\max动}$。在动升限处，$\Delta P=P-D<0$，飞机不能保持定直平飞，但可获得高度优势。

一般在静升限处通过跃升所能达到的高度小于其动升限，这主要是因为静升限处速度较小。所以，为了获得动升限，飞机进入跃升的高度一般比 $H_{\max}$ 低，以便利用较大的平飞速度。例如，某歼击机实用升限为 19 500 m，当在 $H_1=13\ 500$ m 高度上以 $Ma=2.05$ 进行跃升时，飞机可达到 23 000 m 的高度。

5.2.4 俯冲性能

俯冲是飞机用势能换取动能，迅速降低高度并增加速度的非定常运动。

俯冲按航迹可分为 3 段：进入俯冲段、直线俯冲段和改出俯冲段（见图 5－11）。

可以证明，直线俯冲段并不是可以一直加速，而是有一俯冲极限速度 $v_{极限}$。

$$v_{极限}=\sqrt{\frac{2(P-G\sin\theta)}{C_D\rho S}} \tag{5-24}$$

式中，θ 为直线俯冲航迹与地面的夹角。

飞机在改出俯冲时，高度损失（即改出俯冲过程所需高度）ΔH 为

$$\Delta H=\frac{v_1^2}{2g}\left(\frac{n_y-\cos\theta_1}{n_y-1}-1\right) \tag{5-25}$$

式中，v_1 和 θ_1 分别为改出俯冲开始时的速度及航迹倾角（结束时航迹倾角为 $\theta_2=0$）；n_y 为改出俯冲的过载（假设为常值）。

例如，某飞机自垂直俯冲中改出，$v_1=338$ m/s，当 $n_y=6$ 时，$\Delta H=2\ 565$ m；当 $n_y=8$ 时，$\Delta H=1\ 784$ m。可见改出俯冲时的高度损失是比较大的。

5.2.5 盘　旋

盘旋是飞机在水平面内连续改变飞行方向而高度不变的一种曲线运动。盘旋中，如果飞行速度、仰角、倾角、侧滑角均保持不变，则称为定常盘旋。不带侧滑的定常盘旋称为正常盘旋。

正常盘旋的盘旋半径和盘旋一周的时间是衡量飞机方向机动能力的主要指标。盘旋半径越小，盘旋一周的时间越短，飞机的方向机动性越好。

由图 5－12 可写出正常盘旋应满足的方程如下：

$$\left.\begin{aligned}&P=D\\&L\cos\gamma_s=G\\&m\frac{v^2}{R}=L\sin\gamma_s\end{aligned}\right\} \tag{5-26}$$

式中　γ_s——盘旋角；

v——盘旋速率；

R——盘旋半径。

式（5－26）保证 v 及盘旋高度不变。至于升力的水平分量 $L\sin\gamma_s$，就是使飞机产生水平曲线运动的向心力。由此可得

$$n_y=\frac{1}{\cos\gamma_s} \tag{5-27}$$

$$R=\frac{G}{g}\frac{v^2}{L\sin\gamma_s}=\frac{1}{g}\frac{v^2}{\sqrt{n_y^2-1}}=\frac{v^2}{g\tan\gamma_s} \tag{5-28}$$

$$T=\frac{2\pi R}{v}=\frac{2\pi v}{g\sqrt{n_y^2-1}} \tag{5-29}$$

式中，T 为盘旋一周所需时间。

显然，n_y 越大，R 和 T 越小，盘旋性能越好。但 n_y 受结构强度和人生理条件的限制，所以 n_y 不能太大。目前飞机的最大盘旋角 $\gamma_{smax}=75°\sim87°$。此外，v 也不能太大，但也不能太小。如某机在 5 km 高度上做正常盘旋，当 $Ma=0.7$ 时，$R=1\ 480$ m；但当 $Ma=1.4$ 时，$R=17\ 000$ m。

除了以上介绍的平面机动外，飞机还有空间机动性，如战斗转弯、横滚、战斗半滚（又称半筋斗翻转）、半滚倒转等，这里不再详细介绍。

5.3　飞机的起飞和着陆性能

飞机的起飞和着陆是实现一次完整的飞行必不可少的两个环节。起飞和着陆性能的好坏有时甚至影响到飞机能否执行及顺利完成正常飞行任务。

飞机的起飞和着陆性能指标可以概括为两部分：一是起飞/着陆距离；二是起飞离地/着陆接地速度。后者除影响起飞/着陆距离外，还牵涉到起降的安全问题。过大的机场面积无论是从经济观点或战备观点考虑都是不适宜的。而飞行的安全问题，则在任何场合都是必须给予高度重视的。

从飞机性能的发展情况来看，它的速度、高度、机动性及续航能力都有了很大的改进，但飞机的起飞和着陆性能却反而恶化，主要就是缩小了机翼相对面积而引起的。

5.3.1　飞机的起飞性能

1. 飞机的起飞过程

现代喷气式飞机的起飞过程包括：地面加速滑跑阶段和加速上升到安全高度阶段，如图 5-13 所示。

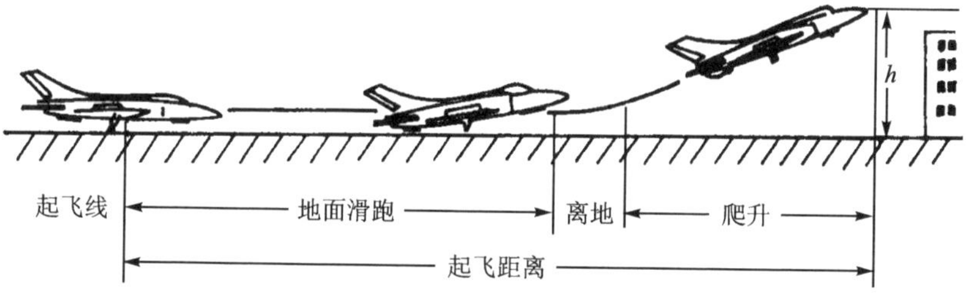

图 5-13　飞机的起飞过程

起飞时飞机停在起飞线上，驾驶员踩住刹车加大油门到最大转速状态后，松开刹车让飞机加速滑跑。当加速到相当速度时，驾驶员向后拉驾驶杆抬起前轮，以主轮着地的两点滑跑姿态继续加速前进，最后到升力等于重力时飞机就能离开地面。此时所对应的速度称为离地速度，以 $v_{离地}$ 表示。由于喷气式飞机的剩余推力 ΔP 较大，因此在离地后可以立即转入加速上升阶段。为了减小阻力，离地不久(约 10 m)就可收起起落架。当飞机上升到 15 m 的安全高度后，加速上升阶段就告结束。

2. 飞机的起飞性能计算

① 起飞滑跑的距离和时间：在地面加速滑跑过程中，气机先是三点滑跑，至 $0.6\sim0.75v_{离地}$ 时抬起前轮，改成两点滑跑，直到离地为止。通常计算时都假定整个滑跑过程是用两点滑跑进行的，此时飞机上所受的力如图 5-13 所示，起飞滑跑时作用在飞机上的力除推力 P、重力 G、升力 L 和阻力 D 外，还有地面垂直反力 N 及机轮和地面之间的摩擦力 $F(=fN)$。

在计算时，假设发动机推力 P 与地面平行，按此可写出飞机的运动方程：

$$\left.\begin{aligned}\frac{G}{g}\frac{\mathrm{d}v}{\mathrm{d}t}&=P-D-F\\L+N&=G\end{aligned}\right\}\tag{5-30}$$

将 $F=fN$ 代入，整理后可得

$$\frac{G}{g}\frac{\mathrm{d}v}{\mathrm{d}t}=P-C_D\frac{1}{2}\rho v^2S-f\left(G-C_L\frac{1}{2}\rho v^2S\right)\tag{5-31}$$

由此可得地面加速滑跑(起飞滑跑)段的时间为

$$T_1=\int_0^{v_{离地}}\frac{G}{g}\frac{\mathrm{d}v}{P-fG-\frac{1}{2}\rho v^2S(C_D-fC_L)}\tag{5-32}$$

又由于 $\mathrm{d}l=v\mathrm{d}t$，可得起飞滑跑距离为

$$l_1=\int_0^{v_{离地}}\frac{G}{g}\frac{v\mathrm{d}v}{P-fG-\frac{1}{2}\rho v^2S(C_D-fC_L)}\tag{5-33}$$

计算上式一般用数值积分。也可近似地认为 $P=0.9P_0$，P_0 为发动机地面静推力；地面滚动摩擦系数 f 由表 5-1 取平均值；同时认为 C_D-fC_L 值较小，那么

$$l_1\approx\frac{G}{2g}\frac{v_{离地}^2}{P-fG}\tag{5-34}$$

表 5-1 地面摩擦系数 f 的平均值

表面状况	滚动摩擦系数	完全刹车时
干水泥跑道	0.03	0.5
湿水泥跑道	0.05	0.3
干硬土草地	0.07	0.4
湿草地	0.11	0.2
冰草地	0.02	0.08

飞机的离地速度由离地时的升力与重力平衡条件可得

$$v_{离地}=\sqrt{\frac{2G}{\rho SC_{L离地}}} \tag{5-35}$$

式中，$C_{L离地}$为离地时的升力系数。起飞时由于希望阻力尽可能小，一般襟翼放下的角度较小，所以$C_{L离地}$较小。

② 加速上升段的距离和时间：飞机离地后按某一倾斜航迹(航迹角为θ)做加速上升运动，其运动方程为

$$\left.\begin{aligned}&\frac{G}{g}\frac{\mathrm{d}v}{\mathrm{d}t}=P-D-G\sin\theta\\&L=G\cos\theta\end{aligned}\right\} \tag{5-36}$$

由此可求出加速上升段的时间和距离为

$$T_2=\int_{v_{离地}}^{v_{上升}}\frac{G}{g}\frac{\mathrm{d}v}{P-D-G\sin\theta} \tag{5-37}$$

$$l_2=\int_{v_{离地}}^{v_{上升}}\frac{G}{g}\frac{v\mathrm{d}v}{P-D-G\sin\theta} \tag{5-38}$$

式中，$v_{上升}$为上升到 15 m 安全高度时的飞行速度，一般可取$v_{上升}=1.3v_{离地}$。式(5-38)是因为θ一般不大，所以用航迹距离近似代替水平距离。

总的起飞时间和起飞距离为

$$T_{起飞}=T_1+T_2 \tag{5-39}$$

$$l_{起飞}=l_1+l_2 \tag{5-40}$$

5.3.2　飞机的着陆性能

飞机从安全高度(15 m)处下滑并过渡到地面滑跑直至完全停止的整个减速运动过程，称为着陆(或降落)。

1. 飞机的着陆过程

飞机从 15 m 安全高度下滑时，发动机处于慢车工作状态，襟翼偏到最大角度，起落架放下，飞机接近于等速直线下滑。当离地不高时，驾驶员应将飞机拉平，然后保持在离地 1 m 左右进行平飞减速。随着飞行速度的降低，驾驶员应不断拉杆使迎角增大，并让飞机缓慢地降低高度。在离地很近(约 0.2 m)时，飞机已接近护尾迎角状态，迎角不能再继续增大，随着飞行速度的继续降低，升力不足以平衡飞机重量，于是飞机就飘落以主轮接地，此时对应的速度就叫作着陆接地速度。飞机接地后，驾驶员继续保持两点滑跑姿态，以充分利用空气阻力使飞机减速。当减至一定速度时，驾驶员推杆使前轮着地进行三点滑跑，并且使用机轮刹车等使飞机继续减速。到飞机完全停止时，着陆阶段就告结束。所以飞机的着陆过程通常由下滑、拉平、平飞减速、飘落和地面减速滑跑 5 个阶段组成(见图 5-14)。

2. 飞机的着陆性能计算

① 下滑距离l_1的计算：下滑时，发动机推力接近于零，飞机又近似为等速直线

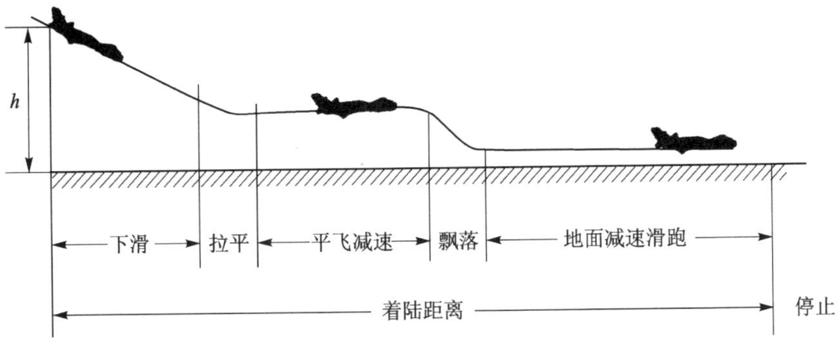

图 5-14　飞机的着陆过程

运动，故可得如下方程：

$$D = G\sin\theta \tag{5-41}$$

$$L = G\cos\theta = \frac{1}{2}\rho v^2 C_L S \tag{5-42}$$

故下滑速度为

$$v_{下滑} = \sqrt{\frac{2G\cos\theta}{\rho S C_{L下滑}}} \tag{5-43}$$

由图 5-14 可得

$$\tan\theta = \frac{D}{L} = \frac{C_D}{C_L} = \frac{1}{K} = \frac{15}{l'_1} \tag{5-44}$$

近似计算时，可取

$$l_1 \approx l'_1 = 15K \tag{5-45}$$

用上式算得的结果实际上是把下滑段距离算长了，经验表明，l'_1 大体上相当于 l_1 及 l_2 之和。故拉平段 l_2 就不必再算。

下滑段时间（包括拉平段）

$$T_1 = \frac{l_1}{v_{下滑}} \tag{5-46}$$

下滑升力系数 $C_{L下滑} = (0.6 \sim 0.7)C_{L\max}$，以保证合适的航迹角 θ。

② 平飞减速段距离 l_3 的计算：平飞减速段飞机的受力情况如图 5-14 所示，其运动方程为

$$\left.\begin{aligned} &L \approx G \\ &\frac{G}{g}\frac{\mathrm{d}v}{\mathrm{d}t} = -D \end{aligned}\right\} \tag{5-47}$$

整理后可得

$$\frac{1}{g}\frac{\mathrm{d}v}{\mathrm{d}t} = -\frac{D}{L} = -\frac{1}{K} \tag{5-48}$$

由此可得平飞减速段的时间和距离为

$$T_3=-\frac{1}{g}\int_{v_{拉平}}^{v_{飘落}}K\mathrm{d}v \tag{5-49}$$

$$l_3=-\frac{1}{g}\int_{v_{拉平}}^{v_{飘落}}Kv\mathrm{d}v \tag{5-50}$$

式中　$v_{拉平}$——拉平时的速度；

$v_{飘落}$——飘落段开始时的速度。

在近似计算中，可取 $K\approx K_{max}$，$v_{飘落}\approx v_{接地}$，$v_{拉平}\approx v_{下滑}$，于是式(5-49)和式(5-50)简化为

$$T_3\approx\frac{K_{max}}{g}(v_{下滑}-v_{接地}) \tag{5-51}$$

$$l_3\approx\frac{K_{max}}{2g}(v_{下滑}^2-v_{接地}^2) \tag{5-52}$$

其中接地速度

$$v_{接地}\approx 0.95\sqrt{\frac{2G}{\rho SC_{L接地}}} \tag{5-53}$$

实际上用式(5-51)及式(5-52)算出的 T_3 和 l_3 是偏大的，它们分别近似等于平飞减速段与飘落段时间之和、距离之和，所以 T_4 和 l_4 不必再算。

③ 着陆滑跑段距离 l_5 的计算：地面减速着陆滑跑过程中，先用两点无刹车自由滑跑，然后改用三点滑跑并使用刹车。

通常认为两点无刹车自由滑跑时间为 3 s，故该段距离为

$$l_{自}=3v_{接地} \tag{5-54}$$

三点滑跑且使用刹车时，其总的摩擦力为 F，则有运动方程

$$\frac{G}{g}\frac{\mathrm{d}v}{\mathrm{d}t}=-(D+F) \tag{5-55}$$

$$N=G-L \tag{5-56}$$

由此可得地面刹车减速滑跑段的时间和距离为

$$T_{刹}=\frac{G}{g}\int_0^{v_{接地}}\frac{\mathrm{d}v}{D+F} \tag{5-57}$$

$$l_{刹}=\frac{G}{g}\int_0^{v_{接地}}\frac{v\mathrm{d}v}{D+F} \tag{5-58}$$

整个地面滑跑段的时间和距离为

$$T_5=3+T_{刹} \tag{5-59}$$

$$l_5=l_{自}+l_{刹} \tag{5-60}$$

在近似计算中，如认为整个滑跑过程为三点滑跑的等减速运动，则地面减速着陆滑跑段的时间和距离为

$$T_5 = \frac{v_{接地}}{a_{平均}} \tag{5-61}$$

$$l_5 = \frac{v_{接地}^2}{2a_{平均}} \tag{5-62}$$

式中，$a_{平均}$为平均减速度，可以近似求得其值为

$$a_{平均} = \frac{1}{2}g\left(\frac{1}{K_{接地}} + f\right) \tag{5-63}$$

式中，$K_{接地}$为接地时飞机的升阻比，从而可求得

$$l_5 = \frac{v_{接地}^2}{g\left(\frac{1}{K_{接地}} + f\right)} \tag{5-64}$$

$$T_5 = \frac{2v_{接地}}{g\left(\frac{1}{K_{接地}} + f\right)} \tag{5-65}$$

整个着陆距离和时间为

$$l_{着陆} = l_1 + l_2 + l_3 + l_4 + l_5 \approx l_1 + l_3 + l_5 \tag{5-66}$$

$$T_{着陆} = T_1 + T_2 + T_3 + T_4 + T_5 \approx T_1 + T_3 + T_5 \tag{5-67}$$

5.3.3 缩短起飞和着陆距离的措施

通过以上分析，我们可以采用各种方法缩短飞机的起飞和着陆滑跑距离。但是飞机设计的经验表明，只有那些不影响飞机主要飞行性能的方法和措施，才是在实践中可以采用的。

1. 增升装置

在机翼上装置各种形式的襟翼，在起飞着陆时放下以增加升力，使$C_{v离地}$和$C_{v着陆}$增大以改善起降性能是最常用的设计措施。

2. 增大推重比

增大发动机的推力，使起飞的加速度增大，飞机可以很快地增速到离地速度，缩短起飞滑跑距离。现代喷气发动机上常用装置加力燃烧室在起飞时增大推力，使起飞滑跑距离缩短(在歼击机上常用)。

3. 增阻装置及刹车

飞机在着陆滑跑时为了增加阻力可用阻力伞或减速伞。飞机着陆接地后放出阻力伞，利用伞的空气阻力使飞机减速。着陆滑跑初期滑跑速度较大，伞的阻力也大。速度降低后伞的阻力减小。速度减小后应把伞抛掉。阻力伞是增阻装置的一种形式，其他还有阻力板等。着陆滑跑时可以使用机轮刹车增大摩擦力。

用增阻装置和刹车使 $D+F$ 值大大增加，因而使着陆滑跑距离缩短。

思考题

1. 飞机的飞行性能包括哪些指标？
2. 什么是最小平飞速度？什么是最大平飞速度？什么是巡航速度？
3. 什么是静升限？
4. 衡量飞机起飞和着陆性能的指标有哪些？如何提高飞机的起飞和着陆性能？
5. 什么是飞机的过载？
6. 缩短起飞和着陆距离的措施有哪些？

第6章 飞机的稳定性与操纵性

在第5章里，讨论了飞机的基本飞行性能。但是，对于全面衡量一架飞机战术/使用性能的优劣来说，单有好的飞行性能还是不够的。例如，尽管飞机具有很大的速度、很高的升限和很远的航程，如果它的平衡特性、稳定特性和操纵特性不好，也就是说在飞行中，飞机总是偏离预定的航向；或者稍受外界扰动，飞机的平衡即遭破坏而又不能自动恢复，需要飞行员经常花费很大的精力予以纠正；在改变飞行状态的时候，驾驶员操纵起来非常吃力，而且飞机反应迟钝，那么这样的飞机就不能算是一架战术/使用性能良好的飞机。驾驶这样的飞机，驾驶员会被搞得精疲力尽，而且不能保证飞行安全和很好地完成预定任务。因此对于一架战术/使用性能优良的飞机来说，不仅要求它速度大、爬升快、升限高、航程远，而且要求具备良好的平衡性、稳定性和操纵性。

6.1 飞机的平衡

6.1.1 平衡的概念

飞机在飞行时，所有作用于飞机的外力与外力矩之和都等于零的状态称为飞机的平衡状态。等速直线运动是飞机的一种平衡状态。

研究飞机的运动，我们采用的是机体坐标轴系，这种坐标轴的原点O取在飞机的重心，x轴在飞机的对称面内且与翼弦平行，称为飞机的纵轴，以指向机头为正；y轴在飞机对称面内，垂直于x轴，称为立轴，以指向座舱盖为正；z轴通过重心和Oxy平面垂直，以指向右翼为正，称为飞机的横轴(见图6-1)。x、y、z轴构成右手坐标系。

飞机沿纵轴和立轴的移动，以及绕横轴的转动，与飞机的飞行速度和迎角有关，是发生在飞机对称面内的运动，通常称为纵向运动；而飞机沿横轴的移动和绕纵轴的转动，称为横向运动；飞机绕立轴的转动称为航向运动；飞机的平衡问题，归结为纵向平衡、横向平衡和航向平衡的问题。下面分别讨论飞机保持这3个方向的平衡应当满足什么条件，以及保持平衡的方法。

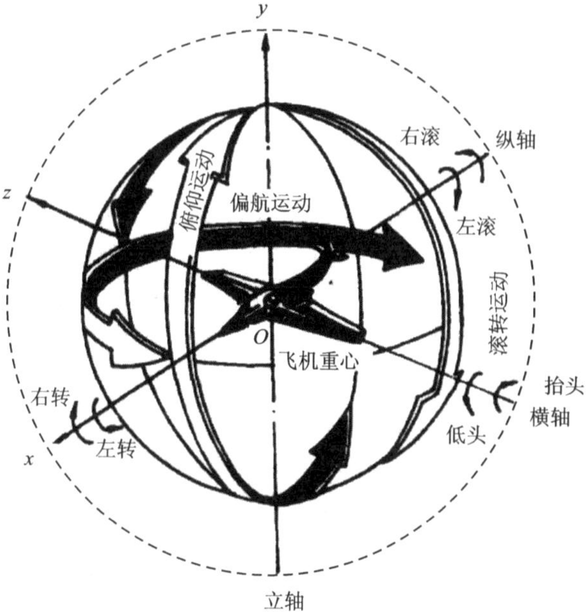

图 6-1　穿过飞机重心的 3 根相互垂直的轴

6.1.2　飞机的平衡条件及保持平衡的方法

1. 飞机的纵向平衡及其保持方法

飞机在纵向平面内做等速直线飞行，并且不绕横轴转动的运动状态，称为纵向平衡。

飞机在纵向运动时，作用于飞机上的力主要有：机翼升力 $L_{翼}$、水平尾翼升力 $L_{尾}$、机身升力 $L_{身}$、空气阻力 D、发动机推力 P 以及飞机重力 G，如图 6-2 所示。这些力的大小和方向各不相同，因此对飞机重心的力矩亦不相同，有的力产生使飞机抬头的上仰力矩，有的力则产生使飞机低头的下俯力矩。为了使飞机不绕横轴转动，飞机的上仰力矩必须等于下俯力矩，即

$$L_{翼}a + Db + L_{身}d + Pc = L_{尾}e$$

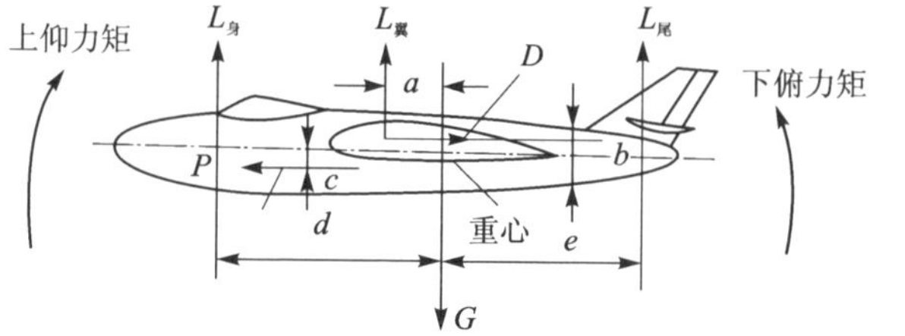

图 6-2　作用在飞机上的对横轴的力矩

此外，要使飞机保持等速水平直线飞行，作用于飞机上的各力也必须保持平衡，故

$$L_{翼}+L_{身}+L_{尾}=G$$

$$P=D$$

机身和平尾产生的升力，一般情况下比机翼升力小得多，在具体计算时通常忽略不计。

飞机在飞行中，其平衡状态不是一成不变的，经常会因为各种因素的影响而遭到破坏。例如由于燃油消耗、收放起落架、收放襟翼、发动机推力改变或投掷炸弹等，都会使飞机的平衡状态发生变化。

当飞机的平衡状态遭到破坏后，则上述的平衡条件便不再满足，也就是说飞机的上仰力矩不再等于下俯力矩，其差值便构成附加的不平衡力矩。因此，要使飞机保持纵向平衡状态，就必须克服这个不平衡力矩，克服的方法是操纵升降舵。例如，由于某种原因，飞机产生了附加的不平衡上仰力矩，使平衡状态破坏，此时驾驶员应当向前推杆，使升降舵向下偏转，于是在水平尾翼上产生向上的附加升力（见图 6－2），该力对飞机重心形成下俯力矩，若其大小刚好和不平衡上仰力矩相等，则飞机便重新回到纵向平衡状态继续飞行。

同样的道理，飞机由于某种原因产生了不平衡的下俯力矩，驾驶员就应当用向后拉杆使升降舵向上编转的办法来加以克服。

由此可知，升降舵的一个重要作用，就是当飞机的纵向平衡状态遭到破坏而出现附加的不平衡俯仰力矩时，可以借助于它的偏转来产生俯仰操纵力矩，以保持飞机原有的纵向平衡状态。

2. 飞机的横向平衡及其保持方法

飞机做等速直线飞行，并且不绕纵轴滚动的飞行状态，称为横向平衡。从图 6－3 可知，当飞机做等速直线飞行时，使飞机纵轴滚转的力矩，主要是由两边机翼上的升力及其重力所产生的。为了使飞机不绕纵轴转动，保持横向平衡，使飞机右倾的力矩总和应当等于使飞机左倾的力矩总和，即

$$L_{右}a+G_{左}d=L_{左}b+G_{右}c$$

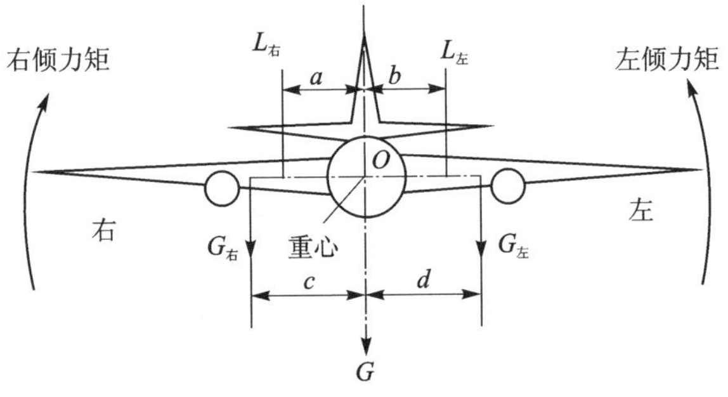

图 6－3　作用在飞机上的对纵轴的力矩

式中，$L_{右}$ 和 $L_{左}$ 分别表示右机翼和左机翼的升力，$G_{右}$ 和 $G_{左}$ 分别表示右机翼和左机翼上的载重，a、b、c、d 则分别表示这些力到飞机重心的垂直距离。显然，当两边机翼的重量、几何参数和气动特性完全对称时，则 $L_{右}=L_{左}$，$G_{左}=G_{右}$，$a=b$，$c=d$，左倾力矩总和等于右倾力矩总和，飞机将处于横向平衡状态。但是如同纵向情况，飞机的横向平衡状态也会由于两边机翼安装角不同或者副翼不在中立位置，或者机翼两边的装载不同而遭到破坏。另外，对于装有螺旋桨的飞机来说，当螺旋桨旋转时，还会产生与旋转方向相反的滚转力矩。例如当螺旋桨向右转动时，桨叶迫使空气亦跟着向右旋转，根据作用与反作用原理，空气便给螺旋桨一个大小相等、方向相反的反作用滚转力矩，它使飞机向左倾斜，如图 6-4 所示，这也会使飞机的横向平衡遭到破坏。

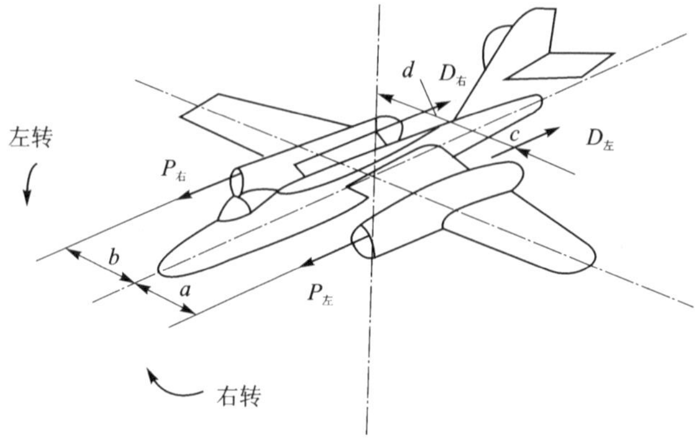

图 6-4　螺旋桨的反作用力矩

由此可见，飞机的横向平衡经常会因为各种原因而遭到破坏，为了保持飞机的横向平衡状态，驾驶员可以操纵副翼，使飞机产生横向平衡力矩，来克服不平衡的滚转力矩。

当飞机出现向右滚转的不平衡力矩时，驾驶员应当向左压杆，这时右副冀向下偏转，左副翼向上偏转，右机翼升力增大，左机翼升力减小，形成使飞机向左滚转的平衡力矩，抵消不平衡的右滚力矩，从而恢复横向平衡状态。同样的道理，当飞机向左倾斜时，则可用向右压杆的办法来克服。所以副翼的一个重要作用，就是可以借助于它的偏转，保持飞机的横向平衡状态。

3. 飞机的航向平衡及其保持方法

飞机做等速直线飞行，并且不绕立轴转动的飞行状态，称为航向平衡。

从图 6-5 可知，当飞机做等速直线飞行时，使飞机绕立轴转动的偏航力矩，主要由两边机翼的阻力和发动机的推力(多发动机飞机)所造成。为了使飞机保持航向平衡就必须使飞机左转的航向力矩总和，等于使飞机右转的航向力矩总和，即

$$D_{左}c+P_{右}b=D_{右}d+P_{左}a$$

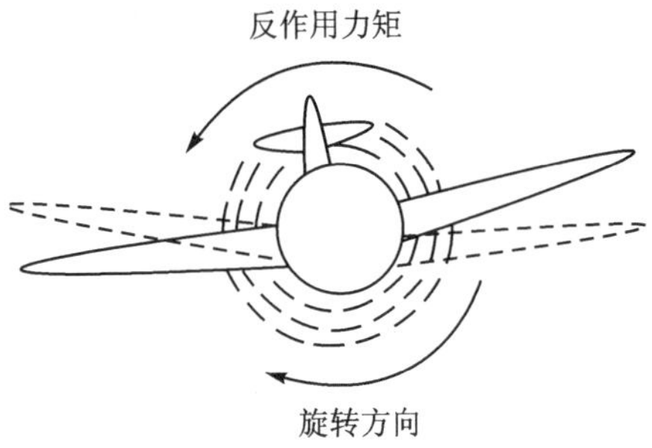

图 6-5　作用在飞机上的对立轴的力矩

飞机的航向平衡，如同纵向情况一样，经常会由于两边机翼重量、气动特性以及发动机工作状态的不对称而遭破坏，特别是当一边机翼上的发动机停止工作时，引起的不平衡情况尤为严重。例如若右翼的发动机停车，即 $P_{右}=0$，则发动机的推力将形成使飞机向右偏转的不平衡力矩，在此力矩作用下，飞机向停车发动机一侧偏转。为了保持原来航向的平衡状态，驾驶员应当用左脚蹬舵，使方向舵向左偏转，此时在垂直尾翼上产生向右的侧向力 $Z_{尾}$，它在对立轴形成与不平衡力矩相反的平衡力矩，如图 6-6 所示，使飞机保持原来的航向平衡状态。

在自然界，许多现象都是互相联系、互相依赖、互相制约着的。飞机的横向平衡和航向平衡之间的关系也是这样。当航向平衡被破坏时，则横向平衡也不能保持；反过来，若横向平衡遭到破坏，则航向平衡也要被破坏。例如飞机受到突风的偏航力矩，如不及时修正，机头将向右偏转，结果飞行速度方向和飞机对称面之间便产生某个角度 β，通常称为侧滑角(见图 6-7)。由于 β 的存在，破坏了机翼相对气流的对称性，引起两边机翼升力不相等，左机翼升力大，右机翼升力小，形成向右的滚转力矩，使横向平衡也被破坏。

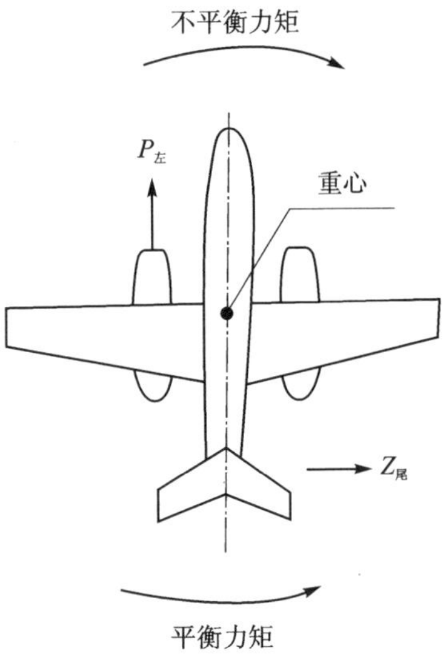

图 6-6　航向力矩的平衡

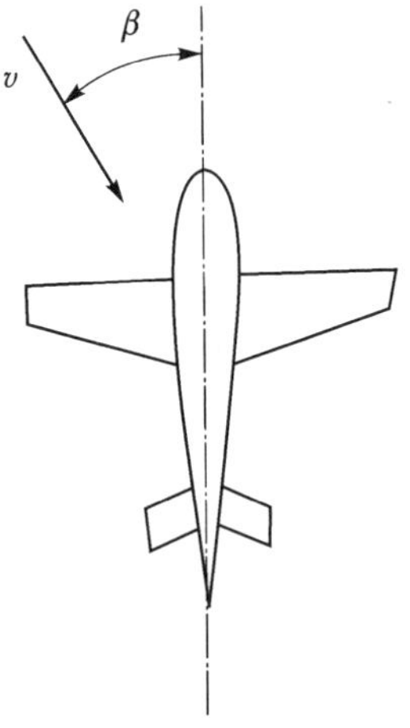

图 6-7　飞机的侧滑角

由于航向平衡和横向平衡之间关系如此密切，通常把二者合在一起，称为飞机的侧向平衡，又称横侧平衡。显然，为了保持飞机的侧向平衡，经常需要同时操纵副翼和方向舵。

6.2 飞机的稳定性

6.2.1 稳定性的概念

在上一节里，我们讨论了欲使飞机保持平衡状态飞行，应当满足什么条件，以及由于各种原因产生了不平衡的力矩后，驾驶员应当如何保持原有的平衡状态。但应当指出的是，这种不平衡的力矩是由一些长久作用的因素造成的，因而驾驶员适当地偏航就可以克服。但除此之外，飞机在飞行过程中，还常常会碰到一些偶然的、瞬时作用的因素，例如突风的扰动或偶尔触动一下驾驶杆或脚蹬等，也会使飞机的平衡状态遭到破坏；并且，在这种情况下，飞机运动参数的变化比较剧烈，驾驶员很难加以控制，会影响预定任务的完成和飞行的安全。因此便对飞机本身提出了稳定性的要求。

为了更好地说明稳定性的概念和分析具备稳定性的条件，首先来研究圆球的稳定问题。如图 6－8 所示的 3 种情况，设圆球原来处于平衡状态。现在给它一个瞬时小扰动，例如推它一下，使其偏离平衡状态，我们来讨论在扰动去除后，圆球是否能回到原来的平衡状态。

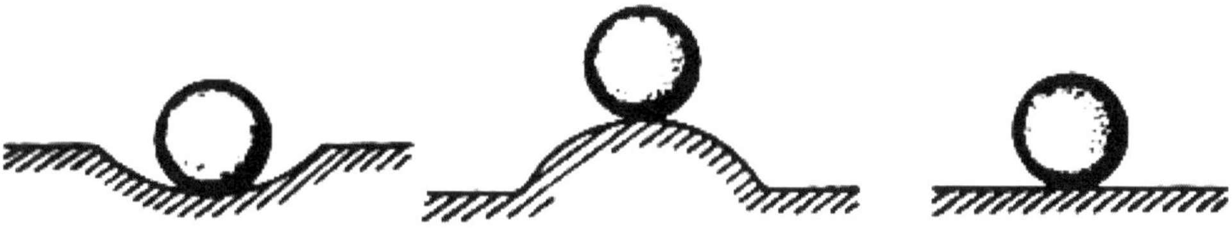

(a) 稳　定　　(b) 不稳定　　(c) 中立稳定

图 6－8　圆球的 3 种状态

图 6－8(a)所示的圆球，在扰动取消后，其在弧形槽中经过若干次来回摆动，最后自动地恢复到原来的平衡位置。这种情况称为稳定。而图 6－8(b)所示的圆球，在扰动取消后，其沿弧形坡道滚下，离原来的平衡位置越来越远，不能自动地恢复到原来的平衡位置，这种情况称为不稳定。而图 6－8(c)所示的圆球，在扰动取消后，就停在扰动消失时的位置，既不继续偏离原来的平衡位置，也不自动地恢复到原来的平衡位置，这种情况称为随遇稳定或中立稳定。

为什么会出现这些现象呢？原因如下：

① 图 6－8(a)所示的圆球偏离平衡位置后，其重力在平行于弧形曲线切线的方向上的分力对圆球与弧形曲线的接触点(支持点)形成一个力矩，该力矩使圆球具有自动恢复到其原来平衡状态的趋势。这种力矩称为稳定力矩或恢复力矩。同时，圆球在弧形曲线上运动的阻力也对其支持点形成一个力矩，但其方向和圆球运动方向相反，起到阻止摆动的作用，称为阻转力矩或阻尼力矩，在此力矩作用下，圆球的摆幅越来越小，最后停止在原来的平衡位置上，因而是稳定的。

② 图 6－8(b)所示的圆球偏离平衡位置后，其重力在平行于弧形曲线切钱的方向上的分力，对圆球与弧形曲线的接触点(支持点)形成一个力矩，该力矩使圆球继续偏离原来的平衡状态，是不稳定力矩。因此圆球不能自动回到原来的平衡位置上，因而是不稳定的。

③ 图 6－8(c)所示的圆球偏离平衡位置后，其重力与平面的支持力在同一条直线上，对支持点不形成任何力矩，圆球既不继续加大偏离原来的平衡状态，也不会自动回到原来的平衡状态。

由此可知，欲使处于平衡状态的物体具有稳定性，其必要条件是物体在受到扰动后能够产生稳定力矩，使物体具有自动恢复到原来平衡状态的趋势；其次是在恢复过程中同时产生阻尼力矩，保证物体最终恢复到原来的平衡状态。

对飞机来说，其稳定与否，和上述圆球的情况在实质上是类似的。如果在飞行中，飞机由于外界瞬时微小扰动而偏离了平衡状态，这时若在飞机上能够产生稳定力矩，使飞机具有自动恢复到原来平衡状态的趋势，同时在飞机摆动过程中，又能产生阻尼力矩，那么飞机就能像图 6－8(a)所示的圆球一样，无须驾驶员的干预就能自动地恢复到原来的平衡状态，因而是稳定的，或者说飞机具有稳定性；反之，若飞机偏离平衡状态后产生的是不稳定力矩，那么飞机就会像图 6－8(b)所示的圆球一样越来越偏离原来的平衡位置，因而是不稳定的，也就是没有稳定性。显然，为了保证飞行安全和便于操纵，飞机应当具有良好的稳定性。

通常将稳定性分成静稳定性和动稳定性。如果飞机在外界瞬时扰动的作用下偏离平衡状态，在最初瞬间所产生的是恢复力矩，使飞机具有自动恢复到原来平衡状态的趋势，则称飞机具有静稳定性；反之，若产生的是不稳定力矩，飞机便没有自动恢复到平衡状态的趋势，故称飞机没有静稳定性。显然，静稳定性只表明飞机在外界扰动作用后的最初瞬间有无自动恢复到原来平衡状态的趋势，并不能说明飞机整个稳定的过程，即能否最终恢复到原来的平衡状态。研究飞机在外界瞬时扰动作用下，整个扰动运动过程的问题，称为飞机的动稳定性。

飞机的静稳定性和动稳定性之间有着非常密切的关系。一般来说，只要恰当地选择静稳定性的大小，就能保证获得良好的动稳定特性。

在研究平衡问题时，曾经把飞机的运动分成纵向运动和侧向运动。同样，飞机的静稳定性也可分为纵向静稳定性和侧向静稳定性。

6.2.2　飞机的纵向静稳定性

飞行中，当飞机受到微小扰动而偏离其纵向平衡状态，并在扰动去除瞬间，飞机不经驾驶员操纵就具有自动地恢复到原来平衡状态的趋势，则称飞机具有纵向静稳定性。

飞机是否有静稳定性，主要取决于飞机本身的特性，取决于飞机平衡状态破坏后，飞机上产生的起稳定作用的力矩与起不稳定作用的力矩相互作用的结果。如果前者大于后者，则飞机是静稳定的；反之，则是静不稳定的。因此要分析飞机纵向静稳定性，就必须分析飞机各个部件由于扰动而使迎角改变后所引起的俯仰力矩的变化。

当迎角改变时，机翼升力亦改变，但理论和实验都指出，尽管升力大小随迎角变化，而升力增量的作用点却始终保持不变，这个升力增量的作用点，即为机翼的焦点。对目前常用的翼型来说，亚声速时焦点位于离翼型前缘 22%～25%弦长的地方，而在超声速时则增加到 40%～50%。

同样，当迎角改变时，机身、尾翼等所引起的升力增量亦作用在机身和尾翼的焦点上，如图 6－9 所示。从该图可看出，由于机翼、机身的焦点都在飞机重心的前面，因而升力增量对重心形成一个使机头更加上仰的不稳定力矩，但水平尾翼焦点远在重心之后，因此尾翼上的升力增量对重心形成的是使机头下俯的稳定力矩，若后者大于前者，则飞机是静稳定的；反之，则飞机是静不稳定的。从这里看出，水平尾翼的重要作用之一在于保证飞机具有纵向静稳定性。

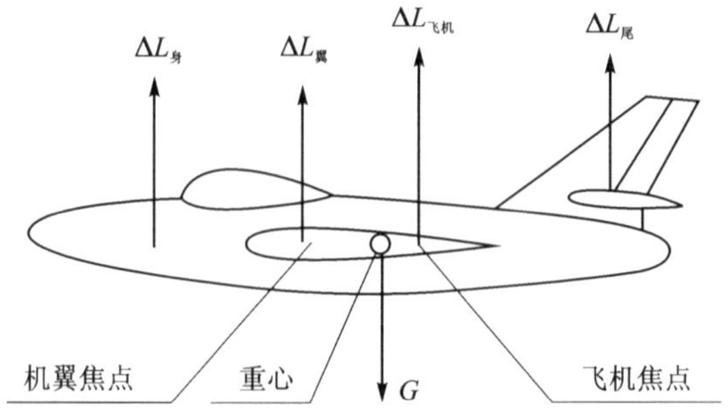

图 6－9　飞机各部分的附加升力

上面谈到，当迎角变化时，飞机各个部件的升力都要改变。飞机各个部件升力增量的合力的作用点，称为飞机的焦点。换句话说，飞机的焦点就是迎角变化而引起的整个飞机升力增量的作用点。机翼、机身、尾翼的焦点都不随迎角改变，飞机的焦点也不随迎角而改变。

飞机重心和飞机焦点之间的相互位置，决定了飞机是否具有纵向静稳定性。若飞机重心位于焦点之前，如图 6－10(a)所示，在飞机受到外界扰动后，例如迎角增加了 $\Delta\alpha$，那么在飞机的焦点上，就会产生一个向上的升力增量 $\Delta L_{飞机}$，它对飞机重心形成使机头下俯的静稳定力矩，使飞机具有逐渐消除 $\Delta\alpha$ 而自动恢复到原来平衡迎角的趋势，则飞机是静稳定的；反之，若飞机重心位于其焦点之后，如图 6－10(b)所示，升力增量对重心所形成的是不稳定的上仰力矩，使飞机迎角越来越大，而没有自动恢复到原来平衡迎角的趋势，则飞机是静不稳定的。由此可以得出一个重要结论：若飞机的重心位于飞机焦点之前，则飞机具有纵向静稳定性；若飞机的重心位于焦点之后，则飞机便失去纵向静稳定性。

低速飞行时，飞机的焦点是固定不变的，而飞机的重心位置却因燃料的消耗、装载的改变以及投弹等而发生移动。如果飞机重心原来位于飞机焦点之前，飞机是静稳定的，但由于上述原因，飞机重心逐渐向后移动，静稳定性逐渐降低，当重心后移到飞机焦点之后时，就产生了质的变化。原来静稳定的飞机转化为失去静稳定性的飞机。这也是为什么对飞机重心变化范围要有严格限制的原因。

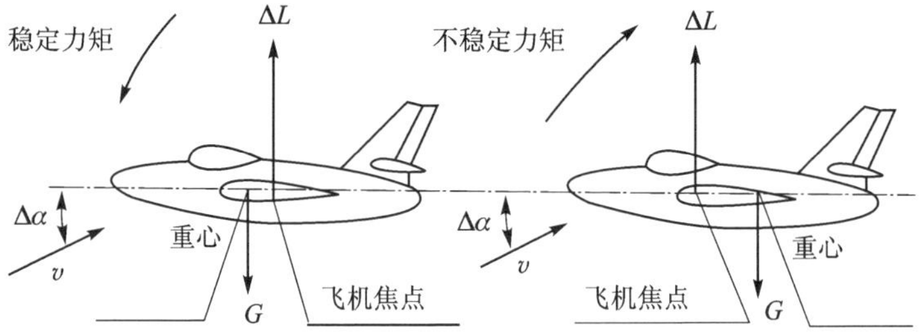

(a) 飞机重心位于焦点之前　　(b) 飞机重心位于焦点之后

图 6－10　重心位置与静稳定性的关系

6.2.3　飞机的航向静稳定性

在飞行中，若飞机受微小扰动而使航向平衡状态遭到破坏，并在扰动消失瞬间，飞机能不经驾驶员操纵就有自动地恢复到原来航向平衡状态的趋势，则称飞机具有航向静稳定性。

飞机的航向静稳定性主要由垂直尾翼来保证。例如飞机原来处于航向平衡状态，由于外界扰动而使飞机偏离了原来的航向，产生了侧滑角 β，如图 6－11 所示。这时在垂直尾翼上便产生了侧向力 Z，该力对飞机重心形成消除侧滑角 β 的航向静稳定力矩，迫使飞机有自动恢复到原来 $\beta=0°$ 的航向平衡状态的趋势。也有人把它叫作“风标”静稳定性。

随着飞行马赫数的增大，特别是在超过声速之后，立尾的侧力系数迅速减小，产生侧力的能力急速下降，使得飞机的方向静稳定性降低。

在设计超声速战斗机时，为了保证在平飞最大马赫数下仍具有足够的方向静稳定性，往往需要把立尾的面积做得很大，有时候需要选用腹鳍以及采用双立尾来增大方向稳定性。

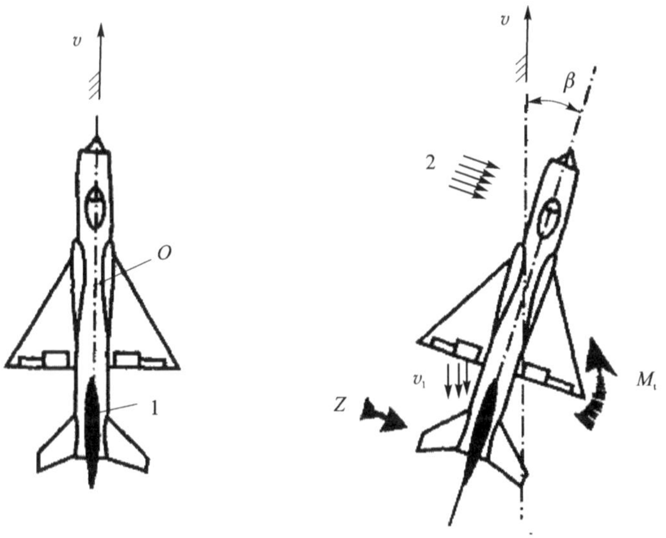

1—垂直尾翼；2—阵风；Z—附加力；M_t—恢复力矩；

O—飞机重心；v_1—相对速度；v—飞行速度

图 6-11 垂直尾翼与航向稳定

6.2.4 飞机的横向静稳定性

在飞行中，若飞机受微小扰动而使横向平衡状态遭到破坏，并在扰动消失瞬间，飞机不经驾驶员操纵就具有自动地恢复到原来横向平衡状态的趋势，则称飞机具有横向静稳定性；反之，就没有横向静稳定性。

保证飞机横向静稳定性的主要因素是机翼的上反角、后掠角和垂直尾翼，其作用分述如下。

1. 机翼上反角 ψ 的作用

当飞机受到微小扰动而向右倾斜时（反之亦然），总升力也随之倾斜而产生向右的侧力 Z，促使飞机向右侧滑而形成侧滑角 β。由图 6-12 可见，分速 $v\cos\beta$ 对左右机翼的作用相同，而分速 $v\sin\beta$ 在上反角的作用下，又可分解为平行于及垂直于机翼弦面的两个分速 $v\sin\beta\cos\psi$ 和 $v\sin\beta\sin\psi$。前者因平行弦面流动，故对机翼表面的压力分布无影响；而后者却在左机翼上叠加了一个向下的速度分量使其迎角减小，在右机翼则因叠加了一个向上的速度分量而使实际迎角增大，致使右翼升力增大而左翼升力减小，因而产生了恢复力矩。所以说机翼的上反角有增加横向稳定性的作用。

2. 机翼后掠角 χ 的作用

当飞机由于扰动向右倾斜而引起右侧滑时（见图 6-13），气流对右机翼的有效

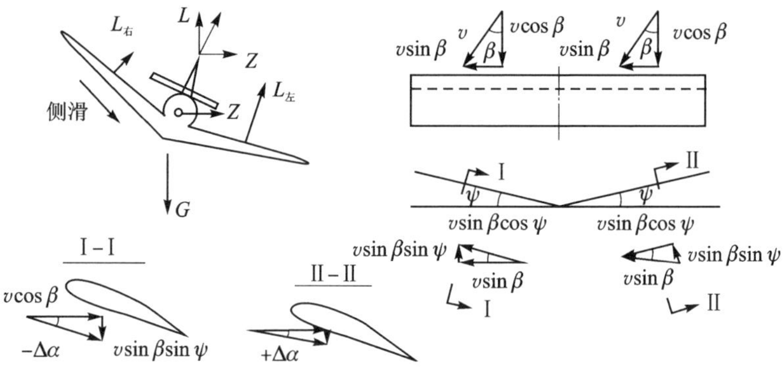

图 6-12　机翼上反角与横向稳定

分速 v_1(即垂直焦点线的分速)就比左机翼 v_3 大得多。显然,右机翼的升力也就大,所以也能产生恢复力矩,从而起到增加横向稳定性的作用。

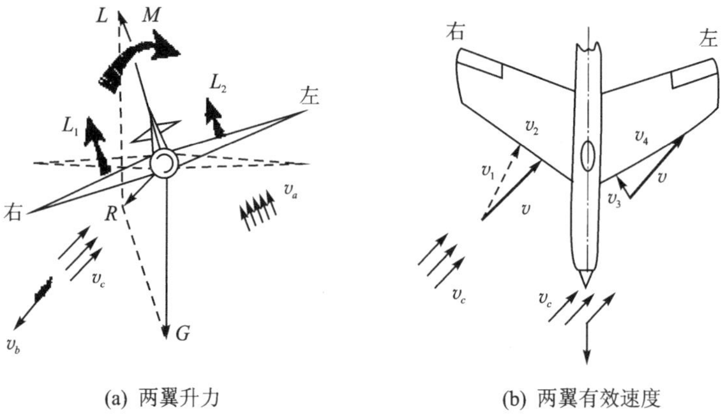

v_a—阵风;v_b—侧滑速度;v_c—相对速度;M—恢复力矩

图 6-13　机翼后掠角与侧向稳定

3. 垂直尾翼对横向稳定性的作用

由图 6-11 可见,当飞机(不论何种原因)出现侧滑角 β 时,在垂直尾翼上就会派生出侧力 Z,它不但能为航向提供恢复力矩,而且由于垂直尾翼一般都装在机身的上面,所以还有滚转力矩。不难看出它也是一个横向恢复力矩,因此也具有横向稳定的作用。

6.2.5　横向、航向静稳定性的比值对动稳定性的影响

在讨论平衡问题时,曾经谈到飞机的航向平衡和横向平衡具有密切的关系。同样,飞机的航向静稳定性和横向静稳定性之间也有着密切的联系。不能一个静稳定度很大,另一个却很小,二者之间需要保持一定的关系,否则有可能在动稳定性上出

现问题。

1. 航向静稳定性过大而横向静稳定性过小都将造成螺旋不稳定运动

当飞机受到扰动向右倾斜随之向右侧滑时，由于过大的航向静稳定性产生的航向恢复力矩过大将使飞机迅速向右偏航，因而左翼的升力就大于右翼的升力。而此时过小的横向静稳定性又不能产生足够的滚转恢复力矩，飞机就进一步向右倾斜。此后，更大的右侧滑又引起更大的右倾斜，倾斜后的升力垂直分量将小于飞机重量，最后使飞机一方面下降，一方面机头向右偏转而形成螺旋运动，如图 6－14 所示。

螺旋运动发展较慢，周期长，对于具有轻微螺旋不稳定性的飞机，驾驶员有充裕的时间可以纠正，一般不至于造成危险。

2. 横向静稳定性过大而航向静稳定性过小将引起振荡不稳定运动（见图 6－15）

当飞机受扰动而向右倾斜时(a)，由于机翼横向静稳定性过大，稍一侧滑飞机就恢复正常姿势(b)，之后在惯性的作用下飞机继续向右侧滑，因此出现反向倾斜(c)。这时，升力的水平分量又使飞机开始往左侧滑(d)，左倾斜迅速减小(e)，当恢复到正常姿势(f)后，又在惯性的作用下继续侧滑而出现右倾斜(g)。

图 6－14　飞机的尾旋

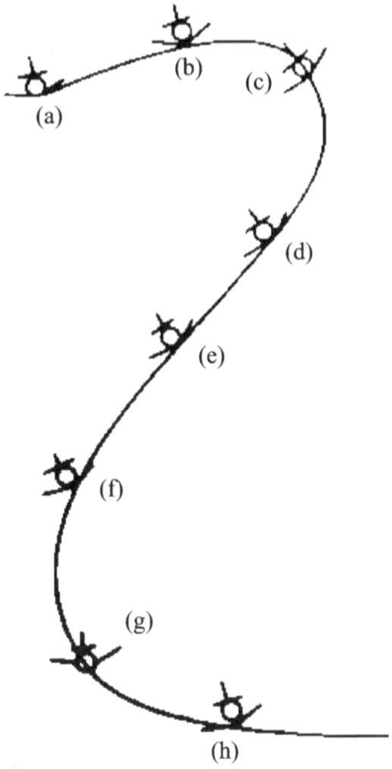

图 6－15　振荡不稳定运动的形成

由于航向静稳定性过小，飞机消除侧滑角的能力很弱，因此振荡得越来越厉害，而且周期较短(2～4 s)，驾驶员难以操纵，因此在飞机设计中，必须避免这种振荡不定现象（又称为荷兰滚）。

现代高速飞机一般都采用大后掠机翼，往往不用上反已嫌横向稳定性过大，所以有的飞机还要把机翼做成下反，使横向和航向静稳定性保持一个适当的比值。

一般来说，具有纵向静稳定的飞机也是纵向动稳定的。

6.3 飞机的操纵性

飞机不仅应有自动保持其原有平衡状态的稳定性，而且由于执行任务和飞行阶段的不同，飞机不可能始终用一种平衡状态飞行，还需要经常地改变自身的飞行状态，这就要求飞机还要能操纵，例如从平飞转到上升或下滑、加速或减速，从直线飞行转到曲线飞行，等等。

所谓飞机的操纵性，就是指飞机在驾驶员的操纵下，改变其飞行状态的特性。操纵性的好坏与飞机稳定性的大小有密切关系，稳定性太大，也就是说飞机保持原有飞行状态的能力越强，则要改变它也就越不容易，操纵起来也就越费劲。若稳定性过小，则操纵力也很小，驾驶员很难掌握操纵的分量，也是不理想的。所以要正确处理好稳定性与操纵性之间的关系。

飞机的操纵，主要是通过 3 个航面（操纵面），即升降舵（有时是全动平尾）、方向舵和副翼来实现的。

6.3.1 飞机的纵向操纵性

驾驶员操纵驾驶杆偏转升降舵之后，飞机绕横轴转动而改变其迎角、速度等飞行状态的特性，称为飞机的纵向操纵性。

驾驶员后拉杆，升降舵向上偏转，于是在平尾上产生向下的附加升力 $\Delta L_{尾}$，该力对飞机重心形成使飞机抬头的操纵力矩 $\Delta M_{抬头}$，如图 6－16 所示。在该力矩的作用下，飞机原有的平衡状态即被破坏，飞机便绕横轴转动，使迎角增大。由于迎角增大，在飞机焦点上亦产生附加升力 ΔL。对于静稳定的飞机来说，焦点位于重心的后面，因此升力增量 ΔL 对重心形成使飞机低头的稳定力矩 $\Delta M_{低头}$。当操纵力矩和稳定力矩相等时，飞机的迎角不再增大，飞机便在新的迎角下保持平衡飞行。同样，驾驶员前推杆，升降舵向下偏转，飞机迎角会减小。

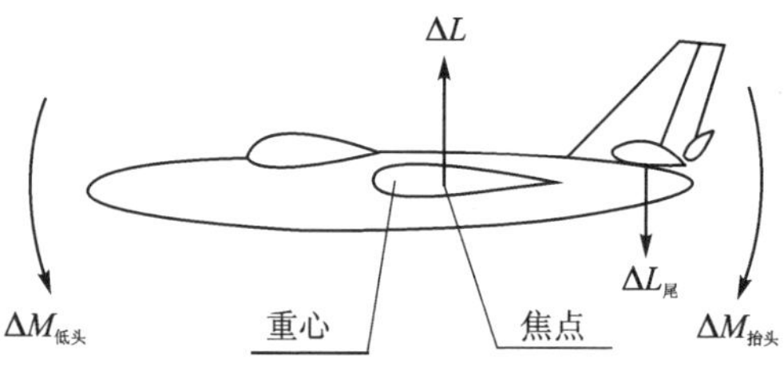

图 6－16 飞机的纵向操纵

显然，当舵面向上偏转时，舵面上产生的附加升力 $\Delta L_{舵}$ 对升降舵的旋转轴亦形成力矩,通常称为铰链力矩,如图 6-17 所示。为了保持舵面向上的偏角不变,驾驶员必须对驾驶杆作用一定的向后的拉力 P,通常称为驾驶杆力。杆力的大小及其随速度的变化规律是衡量和评定操纵性好坏的一个最重要的指标。杆力太小,驾驶员不能准确地控制和判断飞行状态;杆力太大,操纵费力,甚至达不到规定的飞行状态。所以杆力的大小,是驾驶员借以感觉来掌握操纵分量的重要依据。

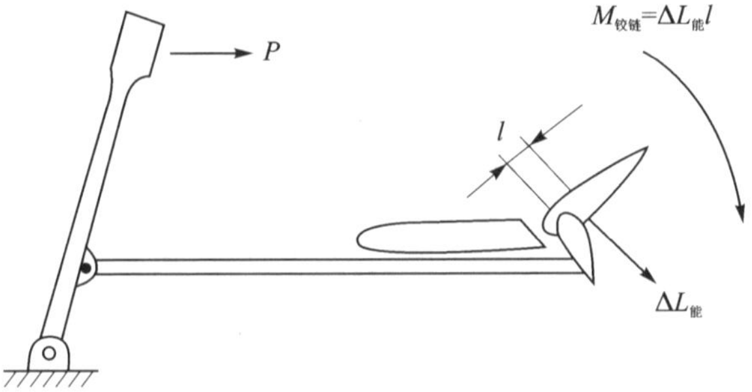

图 6-17　舵面的铰链力矩

在飞行中,升降舵一般总是有一定的偏角(其他舵面也一样),有时可能会有很大的偏角,因而飞行员对驾驶杆始终要保持一定的杆力,这在长途飞行中,不仅分散精力,而且容易使驾驶员疲劳。为了改变这种情况,通常在升降舵后缘附近还装有一个小舵,称为调整片。当升降舵向上偏转时,飞行员可操纵调整片向下偏转,于是在调整片上产生向上的空气动力 R(见图 6-18)。

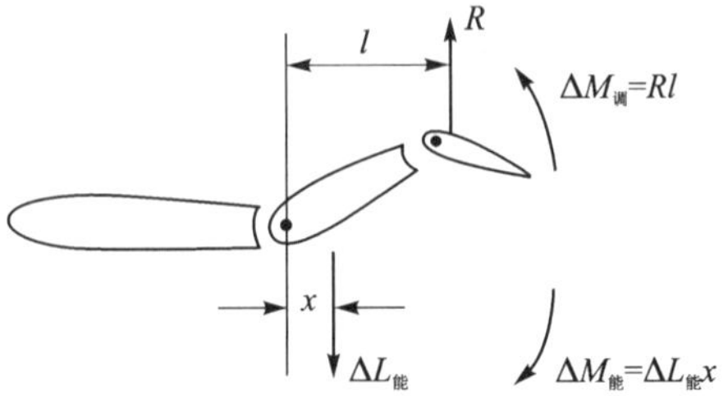

图 6-18　调整片原理

该力对升降舵转动轴形成的铰链力矩,与升降舵上的气动力形成的铰链力矩方向相反,当使二者大小相等时,则总的铰链力矩等于零,因此杆力亦等于零。这样驾驶员便可以松开驾驶杆进行飞行。

所以,调整片的作用在于部分或者全部抵消驾驶杆力,帮助驾驶员进行操纵。

6.3.2　飞机的横向操纵性

当驾驶员操纵驾驶杆偏转副翼之后,飞机绕纵轴滚转或改变其滚转角速度和倾斜角等飞行状态的特性,称为飞机的横向操纵性。

横向操纵主要通过副翼来实现。驾驶员向右压杆,则右副翼向上偏转,右翼升力减小;而左副翼向下偏转,左翼升力增大(见图 6-19)。左、右两边机翼升力之差对飞机纵轴形成的滚转力矩,使飞机向右滚转。同理,若驾驶员向左压驾驶杆,则左副翼上偏,右副翼下偏,飞机便向左滚转。

驾驶员压杆行程越大,副翼偏角亦越大,飞机的滚转角速度亦越大。

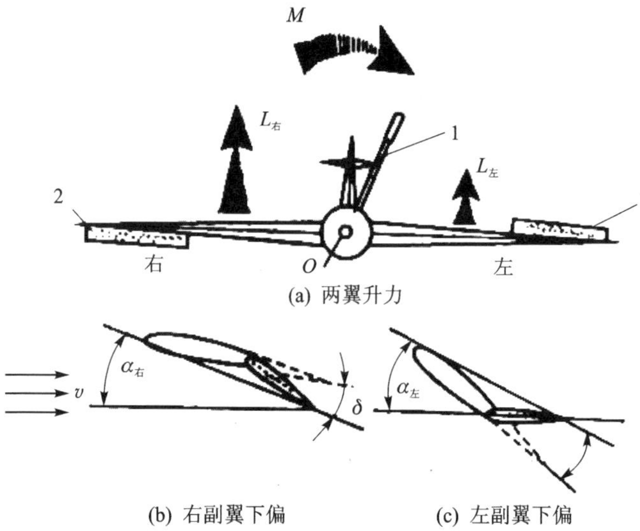

1—驾驶杆；2—右副翼；3—左副翼；M—滚转力矩；

O—飞机重心；v—相对风速；δ—副翼偏转角

图 6-19　飞机的横向操纵原理

像纵向情况一样，压杆杆力的大小及其随速度的变化规律，是衡量和评定横向操纵性好坏的重要指标。在副翼上亦装有调整片，其作用原理与升降舵调整片类似。

6.3.3　飞机的航向操纵性

当驾驶员用脚蹬操纵方向舵之后，飞机绕立轴转动而改变其侧滑角等飞行状态的特性，称为航向操纵性。

航向操纵主要通过方向舵实现。例如，飞机原来处于航向平衡状态做无侧滑直线飞行，驾驶员用右脚蹬舵，方向舵向右偏转，在垂直尾翼上产生向左的侧向力 Z，该力对飞机重心形成使机头向右转的航向操纵力矩，使飞机产生向左的侧滑角 β（见图 6-20）。由于 β 的出现，在垂直尾翼、机翼、机身等部件上又会引起侧向力，其合力 $Z_{飞机}$ 对重心形成使机头向左偏转即力图消除 β 的航向静稳定力矩，当其与航向操纵力矩相等时，机头不再偏转，β 角也不再增大，飞机便在新的带一定侧滑角的航向平面状态下继续飞行；同理，驾驶员用左脚蹬舵，方向舵向左偏转，飞机产生向右的侧滑。

同样，方向舵上一般也要安装调整片。

飞机的横向操纵和航向操纵与稳定的情况一样，也是有密切联系的，例如，要使飞机转弯，不但要操纵方向舵，改变飞机的方向，还要操纵副翼使飞机向转弯的一侧倾斜，二者密切配合，才能把转弯的动作做好。

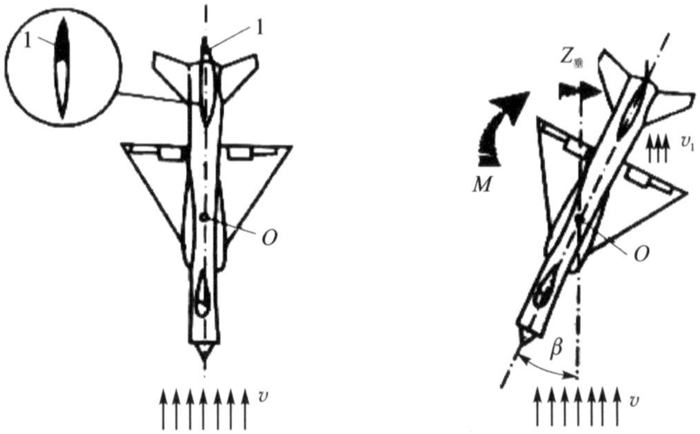

1—方向舵；$Z_垂$—附加力；M—偏航力矩；O—飞机重心；
v—相对速度；v_1—作用于垂直尾翼的相对风速；β—偏航角

图 6-20　飞机的航向操纵原理

思考题

1. 飞机的纵向平衡及其保持方法是什么？
2. 飞机的横向平衡及其保持方法是什么？
3. 飞机的航向平衡及其保持方法是什么？
4. 什么是飞机的稳定性？飞机包括哪几个方向上的稳定性？
5. 影响飞机纵向稳定性的因素有哪些？影响飞机横向稳定性的因素有哪些？影响飞机方向稳定性的因素有哪些？
6. 什么是飞机的操纵性？驾驶员是如何操纵飞机的俯仰、偏航和滚转运动的？

第 7 章　直升机的飞行原理

一般认为，直升机技术要比固定翼飞机复杂，其发展也比固定翼飞机慢。但随着对直升机空气动力学、直升机动力学等学科认识的不断深化和先进航空电子技术、新工艺等的应用，直升机在近年来也有了很大的发展，直升机的直线飞行最大速度的世界纪录为 400.87 km/h，是英国“山猫”直升机于 1986 年 8 月 11 日创造的。除了创纪录飞行外，直升机的一般巡航速度在 250～350 km/h 之间，实用升限达 4 000～6 000 m，航程达 400～800 km。与固定翼飞机相比，直升机存在速度慢、航程短、飞行高度低、振动和噪声较大，以及由此引起的可靠性较差等问题。

直升机飞行的特点是：能垂直起降，对起降场地没有太多的特殊要求；能在空中悬停；能沿任意方向飞行；飞行速度比较慢，航程相对来说也比较短。当前，直升机在民用和军用的各个领域都得到了广泛的应用。特别是在军用方面，武装直升机在现代战争中发挥的作用越来越大。此外，吊运大型装备的起重直升机以及侦察、救护、森林防火、空中摄影、地质勘探等多用途直升机的应用也非常广泛。

7.1　直升机旋翼的工作原理

旋翼是直升机的关键部件。它由数片（至少两片）桨叶和桨毂构成，形状像细长机翼的桨叶连接在桨毂上。桨毂安装在旋翼轴上，旋翼轴方向接近于铅垂方向，一般由发动机带动旋转。旋转时，桨叶与周围空气相互作用，产生气动力。

直升机旋翼绕旋翼转轴旋转时，每个叶片的工作都与一个机翼类似。沿旋翼旋转方向在半径 r 处切一刀，其剖面形状是一个翼型，如图 7-1(a)所示。翼型弦线与垂直于桨毂旋转轴的桨毂旋转平面之间的夹角称为桨叶的安装角（或桨距），以 ϕ 表示，如图 7-1(b)所示。相对气流 v 与翼弦之间的夹角为该剖面的迎角 α。因此，沿半径方向每段叶片上产生的空气动力 R 可分解为沿桨轴方向上的分量 F_1 和在旋转平面上的分量 D_1。F_1 将提供悬停时需要的拉力；D_1 产生的阻力力矩将由发动机所提供的功率来克服。

旋翼旋转所产生的拉力和阻力的大小，不仅取决于旋翼的转速，而且取决于桨叶的桨距。调节旋翼的转速和桨距都可以达到调节拉力大小的目的。但是旋翼转速取决于发动机的主轴转速，而发动机转速有一个最佳的工作范围，因此，拉力的改变主要靠调节桨叶桨距来实现。但是，桨距变化将引起阻力力矩的变化，所以，在调节桨距的同时还要调节发动机油门，保持转速尽量接近最有利的工作转速。

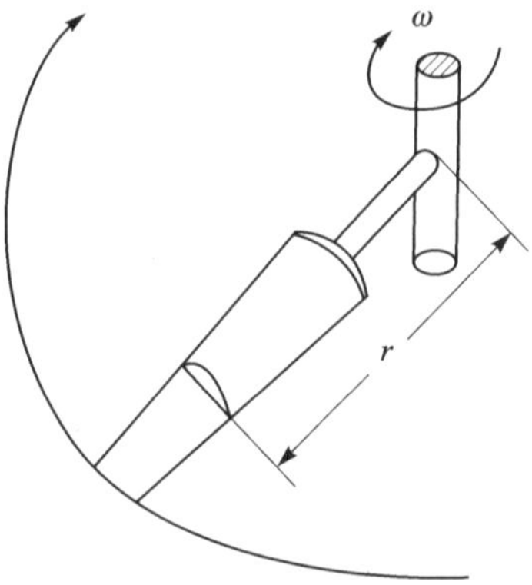

(a) 旋翼的翼型

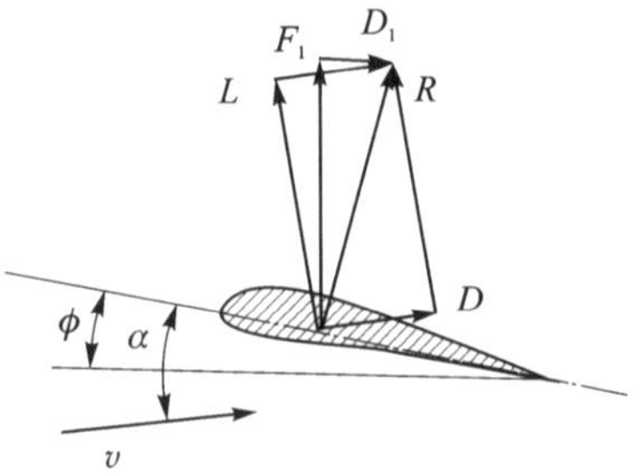

(b) 桨叶的桨矩

图 7－1 直升机旋翼的工作原理

7.2 直升机的布局特点

旋翼在空气中旋转，对周围空气产生一个作用力矩，根据牛顿第三定律，空气必定以大小相等、方向相反的力矩作用于旋翼，然后传到机体上。此时如果不采取平衡措施，这个反作用力矩会使机体向旋翼旋转的相反方向旋转。为了平衡这个反作用力矩，需要采用不同的直升机布局形式。

直升机的布局形式按旋翼数量和布局方式的不同可分为单旋翼直升机、共轴式双旋翼直升机、纵列式双旋翼直升机、横列式双旋翼直升机和带翼式直升机等几种类型。

1. 单旋翼直升机

如图 7－2(a)所示，它是由一副旋翼产生升力、用尾桨来平衡反作用力矩的直升机。为了实现方向操纵及改善稳定性，在机身尾部还安装了水平尾翼和垂直尾翼。这种直升机构造简单，应用最为广泛，但尾桨要消耗 7%～10%的功率。

2. 共轴式双旋翼直升机

如图 7－2(b)所示，它是由两副旋翼沿机体同一立轴上下排列并绕其反向旋转，使两副旋翼反作用力矩相互抵消的直升机，简称共轴式直升机。共轴式直升机结构紧凑，外廓尺寸小；但升力系统较重，操纵机构较复杂。共轴式双旋翼已成功地用于中、小型直升机上。

3. 纵列式双旋翼直升机

如图 7－2(c)所示，它是由两副旋翼沿机体纵轴方向前后排列，反向旋转，使两副旋翼的反作用力矩相互抵消的直升机，简称纵列式直升机。为了减少两旋翼间相互干扰，后旋翼安装位置较前旋翼稍高。纵列式直升机机身较长，使用重心变化范围较大，但其传动系统和操纵系统复杂，前飞时后旋翼气动效率较低。

4. 横列式双旋翼直升机

如图 7－2(d)所示，它是由两副旋翼沿机体横轴方向左右排列，反向旋转，使两副旋翼的反作用力矩相互抵消的直升机，简称横列式直升机。一般横列式直升机带机翼，左、右旋翼对称地布置在机翼构架上。横列式直升机前飞性能较好，但其构造复杂，结构尺寸大，重量效率低。

5. 带翼式直升机

如图 7－2(e)所示，这种直升机安装有辅助翼，前飞时辅助翼提供部分升力使旋翼卸载，从而提高了飞行速度，增大了航程，飞行性能也得到了改善。苏联重型直升机米－6 即为这种直升机，巡航飞行时旋翼卸载约为总升力的 20%，最大飞行速度接近 300 km/h。

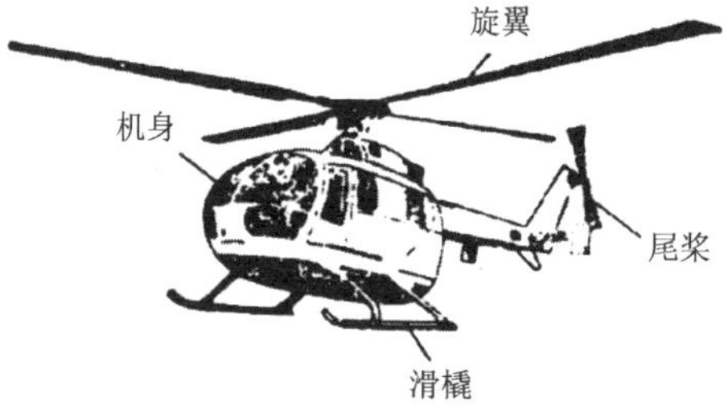

(a) 单旋翼直升机

(b) 共轴式双旋翼直升机

(c) 纵列式双旋翼直升机

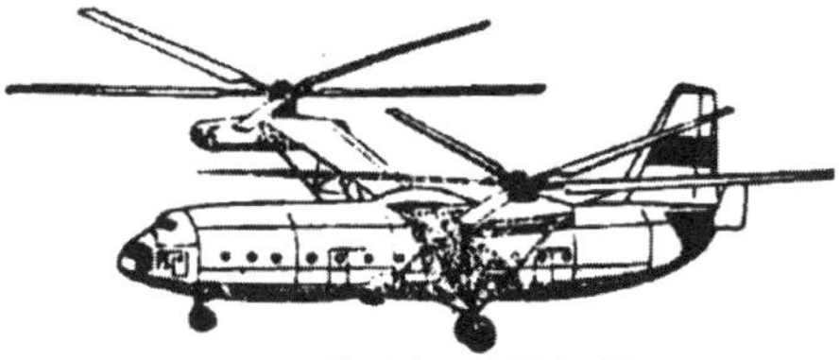

(d) 横列式双旋翼直升机

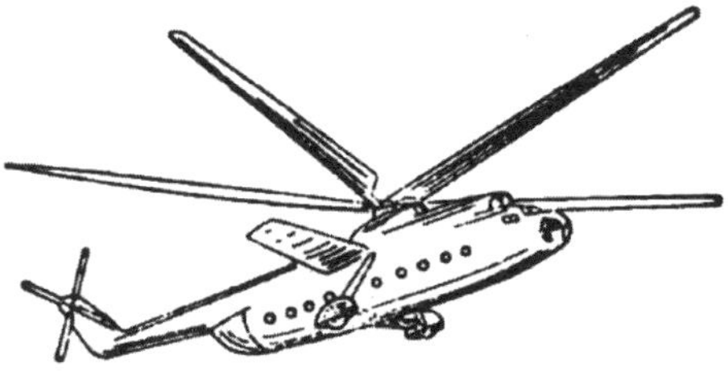

(e) 带翼式直升机

图 7－2　直升机的布局

7.3　直升机的飞行性能

直升机的飞行性能分为垂直飞行性能和前飞性能两类。

1. 垂直飞行性能

垂直飞行性能包括：在定常状态(作用在直升机上的力和力矩都处于平衡的、无加速度运动的状态)时，不同高度的垂直上升速度、垂直上升速度为零所对应的极限高度，为理论静升限，也叫悬停高度。这个高度是个理论值，实际上是达不到的。因此，通常把垂直上升速度为 0.5 m/s 所对应的高度称为实用静升限，或叫实用悬停高度。

2. 前飞性能

直升机前飞性能与固定翼飞机的飞行性能相似，包括：

① 平飞速度范围，指在不同高度的巡航速度、有利速度和最大速度；

② 爬升性能，指在不同高度上具有前进速度时的最大爬升率、达到不同高度所需的爬升时间及可能爬升到的最大高度(平飞升限或动升限)；

③ 续航性能，包括在不同高度的最大续航时间和最大航程；

④ 自转下滑性能，指在不同高度的最小下滑率和最小下滑角。

7.4　直升机的稳定性与操纵性

1. 直升机的操纵系统

直升机的操纵系统是指传递操纵指令、进行总距操纵、变距操纵和脚操纵(或航向操纵)的操纵机构和操纵线路。通过总距操纵来实现直升机的升降运动；通过变距操纵来实现直升机的前后左右运动；通过航向操纵来改变直升机的飞行方向。如图 7-3 和图 7-4 所示为直升机的旋翼操纵机构和尾桨操纵机构。

(1) 总距操纵

总距操纵是用来操纵旋翼的总桨距，使各片桨叶的安装角同时增大或减小，从而改变旋翼拉力的大小。当拉力大于直升机重力时，直升机就上升；反之，直升机则下降，如图 7-5(a)所示。当旋翼总桨距改变时，旋翼的需用功率也随着改变，因此，必须相应地改变发动机的油门，使发动机的输出功率与旋翼的需用功率相匹配以保持旋翼速度不变。为减轻驾驶员的负担，发动机油门操纵和总距操纵通常是交联的。改变总距时，油门开度也相应地改变。因此，总距操纵一般又称为总桨距-油门操纵。

(2) 变距操纵

变距操纵即为周期变距操纵，它是通过自动倾斜器使桨叶的安装角周期改变，从而使桨叶升力周期改变，并由此引起桨叶周期挥舞，最终导致旋翼锥体相对于机体向着驾驶杆运动的方向倾斜。由于拉力基本上垂直于桨盘平面，所以拉力也向驾驶杆运动方向倾斜，从而实现纵向(包括俯仰)及横向(包括滚转)运动。例如，当拉力前倾

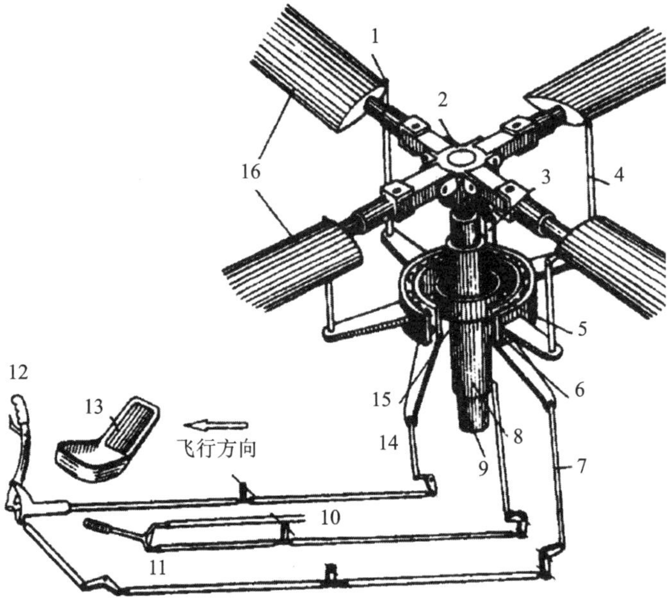

1—桨叶摇臂；2—桨毂；3—拨杆；4—变距拉杆；5—外环；6—旋转环；
7—横向操纵摇臂；8—滑筒；9—导筒；10—与发动机节气门连接；11—油门桨距杆；
12—驾驶杆；13—座椅；14—纵向操纵摇臂；15—内环；16—桨叶

图 7－3　旋翼操纵机构

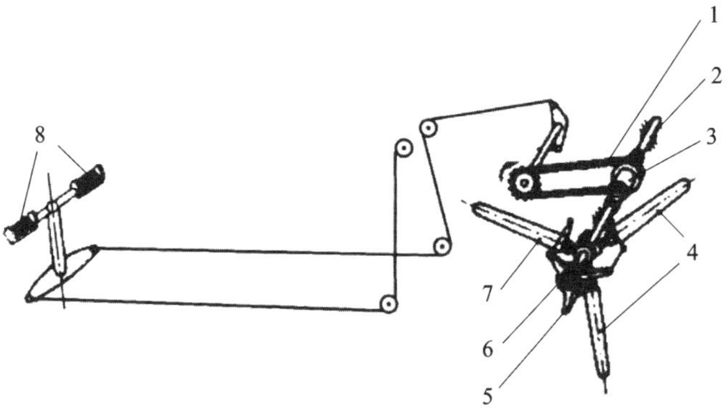

1—链条；2—滑动操纵杆；3—蜗杆套筒；4—桨叶；
5—操纵变距环；6—轴承；7—桨叶；8—脚蹬

图 7－4　尾桨操纵机构

时，产生向前的分力，直升机向前运动；当拉力后倾时，产生向后的分力，直升机向后运动，如图 7－5(b)所示。

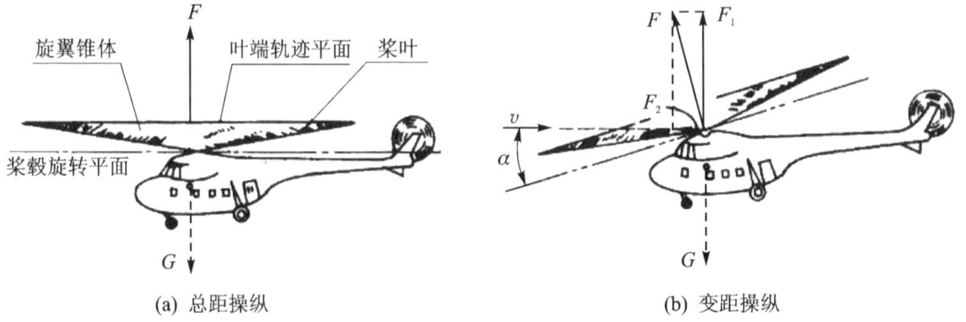

图 7－5　直升机的操纵

（3）脚操纵

脚操纵是用脚蹬操纵尾桨的推力(或拉力)的大小,实现航向操纵。当尾桨的推力(或拉力)改变时,此力对直升机重心的力矩与旋翼的反作用力矩不再平衡,直升机绕立轴转动,使航向发生变化。

2. 稳定性与操纵性的概念

直升机的稳定性是指直升机受到扰动后能够自己恢复其原来状态的能力,通常分为静稳定性和动稳定性。一般情况下,直升机受到扰动后偏离原来的平衡状态,当扰动消失后,直升机的运动状态可能会出现以下 4 种情况：非周期衰减运动 —— 动稳定,非周期发散运动 —— 动不稳定,周期减幅运动 —— 动稳定,以及周期增幅运动 —— 动不稳定。此外,还可能有非常周期中性运动和周期等幅运动。直升机的动稳定性通常不能令人满意,受到扰动后,其纵向运动和横向运动一般表现为周期增幅运动。

直升机的操纵性是指直升机的运动状态对驾驶员操纵动作的反应能力。驾驶员通过操纵驾驶杆的纵向或横向位移,来改变自动倾斜器的倾斜角,以实现纵向和横向力矩操纵。通过操纵脚蹬的位移,来改变尾桨距以实现航向力矩操纵。

思考题

1. 直升机有何特点?
2. 试说明直升机旋翼的工作原理。
3. 多旋翼直升机是怎样飞行的?
4. 直升机是如何实现前飞、后飞、上飞和下飞的?
5. 直升机有哪些布局形式? 各有何特点?

参考文献

[1] 朱明，方乃矿，王和平. 飞行器原理与工艺[M]. 西安：西北工业大学出版社，1995.
[2] 陈再新，刘福长，鲍国华. 空气动力学[M]. 北京：航空工业出版社，1993.
[3] 昂海松，童明波，余雄庆. 航空航天概论[M]. 2 版. 北京：科学出版社，2015.
[4] 李红军. 航空航天概论[M]. 2 版. 北京：北京航空航天大学出版社，2011.
[5] 杨莉，沈海军. 航空航天概论[M]. 北京：航空工业出版社，2011.
[6] 杨华保. 飞机原理与构造[M]. 西安：西北工业大学出版社，2009.
[7] 贾玉红. 航空航天概论[M]. 4 版. 北京：北京航空航天大学出版社，2017.